A REDESCOBERTA
DA EXISTÊNCIA

Dados Internacionais de Catalogação na Publicação (CIP)
(Câmara Brasileira do Livro, SP, Brasil)

Grün, Anselm
  A redescoberta da existência / Anselm Grün, / Monja Coen – 1. ed. – Petrópolis, RJ : Editora Vozes, 2021.

  Bibliografia
  ISBN 978-65-5713-004-9

  1. Cristianismo 2. Espiritualidade 3. Existência humana 4. Existencialismo 5. Seres humanos 6. Vida espiritual I. Coen, Monja. II. Título.

20-53795 CDD-242.2

Índices para catálogo sistemático:
1. Existência : Reflexões : Cristianismo   242.2

Maria Alice Ferreira – Bibliotecária – CRB-8/7964

MONJA COEN
ANSELM GRÜN

A REDESCOBERTA DA EXISTÊNCIA

© 2021, Editora Vozes Ltda. e
© 2020, Vier-Türme GmbH, Verlag, 97359 Münsterschwarzach Abtei.

Direitos de publicação em língua portuguesa:
Editora Vozes Ltda.
Rua Frei Luís, 100
25689-900 Petrópolis, RJ
www.vozes.com.br
Brasil

Todos os direitos reservados. Nenhuma parte desta obra poderá ser reproduzida ou transmitida por qualquer forma e/ou quaisquer meios (eletrônico ou mecânico, incluindo fotocópia e gravação) ou arquivada em qualquer sistema ou banco de dados sem permissão escrita da editora.

CONSELHO EDITORIAL

Diretor
Gilberto Gonçalves Garcia

Editores
Aline dos Santos Carneiro
Edrian Josué Pasini
Marilac Loraine Oleniki
Welder Lancieri Marchini

Conselheiros
Francisco Morás
Ludovico Garmus
Teobaldo Heidemann
Volney J. Berkenbrock

Secretário executivo
João Batista Kreuch

Editoração: Leonardo A.R.T. dos Santos
Diagramação: Sheilandre Desenv. Gráfico
Revisão gráfica: Nilton Braz da Rocha
Capa: Érico Lebedenco

ISBN 978-65-5713-004-9

Editado conforme o novo acordo ortográfico.

Este livro foi composto e impresso pela Editora Vozes Ltda.

Sumário

Prólogo – Um convite..., 7
Volney J. Berkenbrock

A coexistência revelada, 9
Monja Coen

O som do sino, 11

Intersendo, 17

Pergunte-se, 20

Tudo em nós habita, 23

Sair de si, 25

Despertar, 28

Discernimento, 30

Reeducar-se, 35

Reconhecer a finitude, 37

Despertar, 40

Iluminação, 43

Interdependência, 46

Desperte!, 48

Tenha uma boa morte, 50

Genjokoan, 53

Negação, 55

Vidamorte, 60

Oito aspectos, 64

Caminhos, 69

Referências, 74

A existência como abertura para Deus, 77
  Anselm Grün

Introdução, 79

A redescoberta da existência, 84

O ensino do si-mesmo verdadeiro, 89

O caminho para o si-mesmo verdadeiro, 98

O ser humano como morada de Deus (Jo 14,23; 14,2-3), 104

A relação com o próximo, 111

A unidade de todas as pessoas, 122

Conclusão, 130

Referências, 133

Livros publicados pelos autores, 135

Prólogo
Um convite...

Uma monja.

Um monge.

Ela, de tradição budista, Monja Coen.

Ele, de tradição cristã, Monge Anselm Grün.

Em meio a uma crise sem precedentes na humanidade, os dois estão unidos nesta obra para fazer um convite: meditar sobre a existência. A pandemia que se espalhou sobre o planeta, atingindo a espécie humana – e somente ela –, nos obriga, no mínimo, a uma pausa para reflexão, a uma reflexão sobre o que de fato é essencial.

Como colocar-se na existência neste momento? Temos que admitir que não estávamos preparados para tal situação. Ninguém! Mas nela estamos como humanos e é a partir desta condição que podemos refletir. E o que temos na humanidade que possa nos ajudar a pensar sobre a existência? Se, por um lado, as ciências da saúde estão trabalhando arduamente para apresentar possibilidades de ajuda, por outro lado, é necessário que cada qual também descubra ou redescubra a pergunta pela existência a partir de seu modo de sentir e pensar, de sua cultura, de sua tradição.

Não somos os primeiros a pensar sobre a existência. Muitos o fizeram antes de nós! As muitas tradições de pensamento da humanidade representam tesouros inesgotáveis. Nessas sabedorias podemos encontrar fios condutores que nos ajudem a caminhar neste momento. Da vasta tradição sapiencial budista e cristã é que nasceu este livro.

A obra da Monja Coen e do Monge Anselm Grün, *A redescoberta da existência*, é um texto singelo, suave, fantástico e profundo. Não se trata de um texto que vai responder à questão pelo sentido da existência, não se trata de um texto que vai comparar as compreensões budista e cristã sobre a existência. Também não se trata de apresentar as duas tradições como complementares ou convergentes. Trata-se de um texto-convite. A partir da experiência pessoal dos autores em suas respectivas tradições, os leitores são convidados a percorrer caminhos de sabedoria. Caminhos nos quais todos estamos. Não se trata de apresentar um caminho como receita, nem um caminho como doutrina e muito menos uma resposta pronta.

Os caminhos-convite são colocados no texto dos dois monges apontando as sabedorias de cada tradição, apontando inspirações que permitam um olhar mais amplo, mais comunitário, mais humano, mais essencial dentro da existência. Mas o convite no texto se amplia à medida que autora e autor apresentam sugestões de rituais, sugestões de técnicas de meditação, para que quem percorrer este caminho aceite também o convite à coparticipação.

Sinta-se convidada e convidado ao movimento de redescobrir a existência!

Volney J. Berkenbrock

A COEXISTÊNCIA REVELADA

Monja Coen

O som do sino

Era madrugada.

O céu clareando, ainda azul-escuro.

Estrelas, a lua e o sino tocando.

Dom! Dom! Dom!

Na sala de *zazen*, monjas voltadas para as paredes, em silêncio.

Dom! Dom! Dom!

Seriam 108 badaladas.

Há pensamentos e não pensamentos. O som do sino fica distante. São 4:30h da manhã. Tivemos apenas 15 minutos para nos levantar, trocar de roupa, guardar as camas, cobertas, travesseiros, ir ao banheiro, escovar os dentes, vestir os hábitos formais e adentrar silenciosamente na sala de meditação.

Tempo justo e preciso para estar atenta.

Qualquer interferência de pensamento e não há tempo.

Prática zen num mosteiro feminino na cidade de Nagoya, no Japão.

Fui abençoada em poder residir por 8 anos nesse mosteiro e ser orientada por uma das maiores lideranças vivas do Zen-budismo atual: Shundo Aoyama Roshi.

Não foi fácil. Diferenças culturais; não há celas individuais; tudo acontece no coletivo: meditar, orar, trabalhar, estudar, cozinhar, ir ao banheiro, escovar os dentes, banhar-se. Nem um só momento em que pudesse estar a sós.

A sala de *zazen* era o meu refúgio.

Lá não havia palavras, não havia conversas, apenas o som do sino: Dom! Dom! Dom!

Muitas vezes fui eu a primeira a acordar, abrir os portões principais retirando a grande tábua de madeira presa em dois ganchos de ferro.

Em seguida subia uns cinco degraus e lá estava o sino de metal, grande, sem badalo.

Para tocar o sino há uma tora de madeira, presa no teto por uma corda. A corda se enrola na tora e solta uma ponta, por onde puxamos a madeira. Temos de dar um passo atrás para dar força à tora, que bate num exato local do sino: Dom! Dom! Dom!

O sino fica num quiosque coberto de telhas. No inverno há neve; no verão, insetos; na primavera, chuva; e no outono, a lua.

Pequenas pedras, nove exatamente, marcam os toques mais rápidos e outras nove, maiores, marcam os toques lentos. Reverências e reverências até o chão. Dom! Dom! Dom!

Terminados os 50 minutos de meditação matinal, outros toques de tambores e sinos nos conduziam à sala das liturgias. Algumas eram rápidas, de apenas 1 hora. Outras poderiam durar quase 2 horas. Sentadas sobre os calcanhares, havia momentos que pareciam ser de tortura. Com o tempo, calos surgiam nos joelhos e nos pés e poderíamos ficar horas e horas na mesma posição.

Entoávamos sutras, ensinamentos de Buda.

Depois nos cumprimentávamos e podíamos falar.

Como era bom o silêncio, o frescor da manhã, amanhecer com os pássaros, as plantas, os raios de sol. A fragrância do incenso perfumava o ar e nossos hábitos. As noviças só podem se vestir de preto.

Mangas enormes, que nos obrigam a estar presentes, pois se nos distrairmos ficamos enroladas em nós mesmas.

Foram pouco mais de 8 anos nesse internato-noviciado, até que me formei no que talvez pudesse ser chamado de mestrado. Ou seja, habilitada a ensinar os procedimentos monásticos tradicionais e transmitir os ensinamentos herdados.

Hoje é uma memória fragmentada.

Quando estava lá, muitas vezes, nem me dava conta da extraordinária experiência vivida.

Envolvida nos relacionamentos humanos, nas expectativas de agradar ou ser incluída, reconhecendo diferenças e desavenças.

Santa irmandade.

Não sabia ler japonês. Todas as manhãs chegava um jornal, que ninguém lia. Não havia rádio, televisão, celulares, computadores. Telefone sim, mas éramos proibidas de utilizar – só em emergências. Escrever? Era recomendado que usássemos pincéis e tinta fresca.

Como se houvéssemos viajado no tempo, lá para a Idade Média.

Mas, chegavam jovens noviças, com notícias perturbadoras. Logo eram silenciadas.

Passaram-se 8 anos.

Muitas vezes duvidei, baixinho, das decisões e orientações de nossa superiora.

Foram 8 anos de intensa intimidade até eu entender que, assim como ela me dizia, "é você que precisa mudar".

Era eu, ainda incapaz de entender as outras monjas companheiras de treinamento. Criara expectativas sobre a vida monástica a partir de livros antigos e filmes dos mosteiros masculinos.

No último ano, nos últimos dias, entendi um pouco da grandeza de nossa superiora e da importância daqueles tempos de reclusão.

Saí alegre, radiante. Ventava. Minhas mangas voavam.

Nossa superiora e as outras monjas vieram se despedir de nós até do lado de fora do portão. Aquele mesmo portão que, ao entardecer, trancávamos com a trava de madeira e que, ao amanhecer, destravávamos.

Que saudades!

Junto com as outras monjas que nessa mesma manhã de primavera se despediam do treinamento monástico, descemos a ladeira de uma rua pavimentada, com outros templos e casas comuns.

Nosso mosteiro feminino na cidade de Nagoya fica numa área urbana. Mas ficava além, muito além do mundo comum.

Havia momentos de intensa harmonia e a clara percepção de pertencer. Aprendi a cozinhar, tocar sinos, lavar roupa de cama e de banho a mão, decorar orações, traduzir textos, ouvir e aprender palestras de grandes mestras e mestres, arranjo de flores, cerimônia de chá, liturgias intrincadas, limpar altares, incensários e velas, esfregar o chão de quatro e apreciar a vida monástica.

Fui para Tóquio, para um templo onde ajudava na faxina, em liturgias, meditações, enterros e orações.

Depois fui morar sozinha, aos pés do Monte Fuji.

Mantinha a rotina do mosteiro, de acordar antes dos pássaros e meditar em silêncio. Passaram-se muitas neves, hortênsias e castanhas.

Depois de 12 anos no Japão, voltei ao Brasil. Fui designada a cuidar de um templo no Bairro da Liberdade, em São Paulo. Um bairro onde grande parte da colônia japonesa habitara.

Certo dia, o então Padre José Bizon, hoje cônego, da Casa da Reconciliação, veio me convidar aos encontros inter-religiosos, tanto na catedral como em outros locais.

Lembrei-me das monjas beneditinas da Bélgica que passaram um mês conosco em Nagoya. Todas elas tinham mais de 25 anos de vida monástica. Algumas usavam hábitos tradicionais, outras hábitos mais modernos e algumas não usavam hábitos. Todas monjas com diferentes funções e atividades tanto na Bélgica como em outros países.

Aos domingos, elas estranhavam muito, pois tínhamos que trabalhar como se fosse um dia qualquer. Nossa superiora permitia que aos domingos um padre viesse rezar a missa com elas em uma das salas de estudo. Nós podíamos ouvi-las cantar com vozes lindas, que jamais esquecerei. Suas faces ficavam rosadas, seus olhos brilhavam de amor.

Mais tarde nossa superiora foi a um mosteiro da ordem das nossas visitantes. Levou de presente almofadas de meditação (*zafus*) e um jogo completo para a cerimônia tradicional de chá.

Assim, quando fui convidada a participar do encontro inter-religioso lembrei-me da nossa superiora e de seu afeto pelas monjas beneditinas, que me presentearam, antes de ir embora, com um livreto pequenino da Regra de São Bento.

Guardo essa Regra até hoje e elas também me inspiram no dia a dia.

Há alguns anos, o Monge Anselm Grün veio a São Paulo e fui convidada a assistir e participar de uma palestra sua. A maioria do público era de religiosas. Já há algum tempo eu vinha lendo livros de Anselm Grün e me inspirando em seus ensinamentos.

Pudemos conversar alguns minutos antes ou depois da palestra, já não me lembro. Ele disse que havia praticado *zazen*, no seu mosteiro, há muitos anos.

Assim, quando o editor da Vozes entrou em contato comigo para saber se eu escreveria um livro com Anselm Grün fiquei honrada e feliz.

Porém, ao iniciar a escrita me vi travada e aflita.

O Monge Anselm é um dos meus referenciais.

Inspiração de aprofundamento espiritual.

O que escrever? Como escrever?

Senti-me pequena, insuficiente.

Depois me lembrei da sua figura de barbas longas e voz suave. Lembrei-me de seus livros impressos no Brasil e que a proposta não seria a de comparar, julgar, mas compreender que, embora sejamos de linhagens espirituais bem diferentes, temos em comum o hábito de meditar, de trabalhar, de querer o bem de todos os seres.

Com esses pensamentos, atrevi-me a colocar algumas reflexões sobre tudo que passamos com a pandemia e o que podemos ter aprendido nesta travessia.

Coloquei alguns conceitos básicos do Zen-budismo, citei alguns textos sagrados e deixo algumas sugestões de práticas simples, que qualquer pessoa possa fazer, para encontrar mais equilíbrio, ternura, paz, harmonia em sua vida diária.

O sagrado está onde estamos. Nem sempre o percebemos, mas nunca nos abandona.

Nós é que nos afastamos e nos esquecemos dele.

Vamos relembrar a verdade e o caminho?

Humildemente coloco as mãos em prece para receber e oferecer as bênçãos da sabedoria suprema e da compaixão ilimitada.

Intersendo

"Tudo está em constante transformação e nada possui uma autoidentidade fixa substancial independente."

Essa é talvez a frase principal do Sutra da Grande Sabedoria Completa – um dos ensinamentos do Buda histórico, há 2.600 anos.

Pense, reflita e medite nessa frase. Perceba como é verdadeiro que estamos todos interligados a tudo mais. Na Ciência dizem que coexistimos. O monge budista vietnamita Thich Nhat Hanh criou uma nova palavra, que uso sempre: intersomos. Interser exprime bem a realidade da nossa existência.

Se acaso não houvéssemos ainda notado essa inter-relação, o Coronavírus veio confirmar as teses científicas e os ensinamentos budistas.

Um vírus invisível transformou a vida de todos nós e nos levou a refletir sobre o que seria o essencial.

Fez-nos perceber que estamos, sim, todos interligados e que a vida humana só é possível devido a todas as outras formas de vida.

Houve momentos de recolhimento em que pudemos redescobrir a beleza e a pureza da existência, ao ouvir com clareza o som de um pássaro nas cidades vazias de carros, pessoas, ruídos.

Pudemos presenciar nossa relação simbiótica com toda a vida.

Pudemos nos maravilhar com o mistério manifesto em cada partícula e no todo – um raio de luz, um momento de silêncio, o latir de um cão.

Houve momentos solitários e tristonhos. Saudades.

Vontade de sair, de encontrar pessoas. Ao longe ouço vozes de crianças sorrindo. Hoje já estão de volta às praças e meu coração se alegra com as vozes infantis, felizes. Tenho dois bisnetos e, há mais de sete meses, só os vejo nas telas dos computadores ou celulares.

Um deles trocou os quatro dentes da frente. Cresceram, ficaram mais distantes, vivendo cada instante em plenitude.

Há tanto a aprender com os pequeninos.

Talvez crianças sozinhas, sem irmãos e parentes na mesma casa, tenham ficado tristes e algumas vezes impacientes, nervosas, com muita energia reprimida. Outras puderam correr livres por praias desertas e apreciar a companhia de seus pais. Algumas brigaram e, entre brincar e brigar, nem perceberam o tempo sorrateiro passando para nunca mais voltar.

Há pais que ficaram impacientes e se sentiram culpados. Parecia que os filhos atrapalhavam suas atividades, todas agora em suas casas. Outros foram se acostumando com o afeto e a necessidade de atenção dos miúdos. Cresceram como seres humanos capazes de compartilhar e cuidar.

A pandemia não acabou.

Quantas ondas ainda por vir?

Não sabemos.

Vacinas estão sendo testadas e, de repente, param de testar, pois houve reações inesperadas.

Será que vamos continuar em *home office* por muitos meses, anos? Quem sabe?

Cada momento de vida é precioso e sagrado.

Você é capaz de apreciar o agora?

Sugestão: sente-se de maneira confortável, mas não tão confortável que dê sono. Abra os olhos. Os pés bem assentados ao solo. Não pense nem no bem e nem no mal. Endireite a coluna vertebral e observe a diferença de temperatura do ar que entra e sai das narinas.

Há fragrâncias, odores?

Algum sabor em sua boca?

Ouça todos os sons.

Perceba luz e sombra.

Sinta a temperatura do local em que estiver.

Perceba a textura das roupas que cobrem seu corpo.

Respire conscientemente.

Basta alguns minutos, em silêncio.

Respirando, sendo, intersendo.

Movimente-se devagar e se levante percebendo como caminha, como fala e como pensa.

Pergunte-se

Atravessamos.

Somos influenciadas e influenciamos a realidade.

O que é a vida? O que é a morte?

Há sentido no existir?

Quem somos nós? Qual nosso papel, função na vida de tudo que é, foi e será?

Somos uma doença cósmica destruindo as nossas próprias condições de sobrevida?

Será que a espécie humana é um vírus, um veneno à procura de um hospedeiro e, ao se hospedar, destrói sua própria hospedagem e possibilidades de vida?

Ou somos capazes de amar, querer bem, preservar e curar os males do mundo?

Escolhas que cada um, cada uma de nós, precisa fazer e refazer a cada dia, a cada nova descoberta, a cada nova era.

Faço aqui um convite para que possamos redescobrir novos sentidos, novos modos de relacionamento conosco e com tudo que nos cerca.

O momento chegou.

Nada é como foi.

Novas possibilidades de pensar, de ser, estão se abrindo e podemos fazer escolhas.

Não é jogar fora o que passou. O passado é o alicerce do agora. O agora é a base do que virá.

A expressão "novo normal" soa estranha.

O que é normal e o que é anormal?

Por quais valores nos guiamos?

Há estudiosos que refutam a normalidade – aquilo que se tornou norma, que se tornou comum e nem por isso é benéfico a nós e ao mundo.

Tempo de rever, de repensar, de olhar em profundidade para você e para tudo que nos cerca.

Queremos continuar assistindo o aquecimento global desenfreado e o desaparecimento de ilhas e territórios pelas águas?

Permitiremos o aumento de doenças respiratórias devido a poluição atmosférica?

Guerras, conflitos, feminicídios, abusos de todos os tipos – isso é normal? Tornou-se comum e nos acostumamos com o absurdo descompensado de seres gananciosos, raivosos, ignorantes.

Vamos continuar assistindo administradores públicos se insultarem, ao invés de apresentar propostas benéficas e criar sistemas de auxílio mútuo nas diversidades?

Devemos continuar acreditando na separatividade uns dos outros por culturas, formato de olhos ou cor de pele? Discriminando preconceituosamente, excluindo e escolhendo alguns eleitos aos nossos relacionamentos?

É chegado o momento de reavaliar padrões e princípios. Como iremos alimentar a inteligência artificial para decidir situações emocionais caóticas, com sabedoria e sem perder a ternura?

Pergunte-se, questione-se.

Não esconda de você as suas dúvidas.

Pesquise mais, leia, procure nas redes sociais, dialogue.

Eis seu exercício de agora: dialogar, conversar, pensar, filosofar e descansar suavemente sua cabeça num travesseiro de fé.

Tudo em nós habita

Pertencemos todos a uma grande família biológica, a família humana. Somos semelhantes, mas não somos iguais.

Podemos reconhecer, em qualquer ser humano, estados emocionais, semelhantes aos nossos. Culturas diferentes ensinam a nos manifestar de formas diferentes; mas, se observarmos em profundidade, com atenção, poderemos nos reconhecer em todos e em cada um.

Amor, ternura, ódio, rancor, ciúmes, inveja, altruísmo, solidariedade, solidão. Tudo reconhecemos, pois tudo em nós habita. Ao aceitar, acolher, podemos transformar. A negação afasta a possibilidade de corrigir e melhorar.

No mosteiro, quando eu ainda não entendia japonês, ouvia as monjas conversando e procurava, em suas expressões faciais, em seus gestos e movimentos, algo que revelasse o que estava acontecendo.

Não foi fácil. No Japão as pessoas são treinadas a não demonstrar na face o que estão sentindo. Nem mesmo abrem um presente na frente de quem o deu. Agradecem sorrindo.

Observei muito, por mais de 2 anos, e fui percebendo pequenas sutilezas de expressões nos olhos. Sim, os olhos que tudo revelam.

Você viu seus olhos hoje?

Vá até um espelho e observe o que seus olhos têm a dizer a você agora.

Quando estiver alegre, lembre-se de olhar nos seus olhos.

Quando estiver triste, olhe nos seus olhos.

Quando estiver com raiva, observe bem dentro de seus olhos.

Quando sentir amor, ternura, repare em seus olhos.

E você verá que seus olhos são os olhos de todos os outros seres humanos, semelhantes, mas não iguais.

Você começará a se autoconhecer, autoentender e, com isso, poderá responder melhor às provocações do mundo.

Observe em profundidade.

Tudo se revela.

Nada escondido. Transparência total.

Sair de si

Muitas vezes precisamos sair de nós mesmos. Ir além da nossa individualidade.

Sair de si não significa brigar, insultar. Pelo contrário, é abandonar a delusão de um eu separado e independente.

Em português, a expressão "sair de si" quer dizer perder a paciência, falar o que não devia, sair de um estado equilibrado.

No Zen, sair de si é ir além do seu eu menor, deixar seu bem-estar e conveniências para que todos possam ficar bem – quase o princípio da ética.

Estamos todos juntos, queiramos ou não. Juntos, estamos adentrando um novo momento humanitário, juntos criamos e nos tornamos. Somos a nova era.

Somos filhos e filhos deste novo momento.

Nascemos e renascemos a cada instante.

Não queira se agarrar ao que já foi, pois já foi. Não anseie pelo que virá, pois ainda não está aqui. Sem apegos e sem aversões, o caminho é livre. Você pode ser livre. Você é livre. Livre e responsável. Melhor, é corresponsável pela realidade criada a cada pensamento, gesto, atitude, ação.

O que é a liberdade? Não é fazer o que quer quando quer e do jeito que quer. É a liberdade de escolher até mesmo situações incômodas para o bem de todos. Chamamos a isso o voto do *bodaisatva*. *Bodai* é despertar, *satva* é ser. O caminho do ser desperto, do ser iluminado.

Quando percebemos a coexistência percebemos que é impossível nos separarmos.

Em sua casa, à mesa.

Chegam os pratos fumegantes e fragrantes das comidas que todos apreciam.

Faça uma oração, uma prece de gratidão a todas as formas de vida que estão à sua frente.

Agradeça a todos que contribuem para que você tenha alimento, saiba como esse alimento chegou até você. Reflita e se alimente com respeito e dignidade.

Sem excesso e sem falta.

São só alguns momentos antes e depois de cada refeição. Um instante de reflexão e de gratidão.

Se puder, permita que as outras pessoas da mesa se sirvam antes de você. Espere. Aprecie essa espera. Não queira ser o primeiro a se servir. Observe sua boca salivando. Quando for se servir, veja os alimentos, suas cores, seus odores. Lembre-se de suas origens, suas vidas que estarão se transformando na sua vida.

Espere todos estarem servidos e iniciem juntos a comer, saboreando cada pedaço de alimento.

Quando todos terminarem – e só quando todos tiverem terminado –, faça outro gesto de gratidão antes de se levantarem.

Se puderem comer em silêncio será bem melhor para todos.

Os vários assuntos podem ser trazidos à mesa após a refeição. Nunca antes, nem durante.

Se puder, evitar assuntos desagradáveis durante a digestão fará bem a todos.

Comer é comungar. É um ato sagrado. Faça de cada refeição um encontro amoroso.

Despertar

O que está acontecendo agora é resultado de nossas decisões e ações anteriores. O que virá depende de cada um de nós e de todos nós. Difícil.

Alguns são movidos por sentimentos miúdos, pequenos. Outros, por sentimentos grandiosos. Há também o grupo dos amorfos, que vivem sem se importar, sem questionar, sem saber no que crer e no que não crer. É mais fácil delegar decisões e acontecimentos a outrem. Entretanto, precisamos decidir por nós mesmos. Não há como fugir.

Somos corresponsáveis pela nossa vida e pela vida coletiva. Estamos interligados, atravessando.

Podemos atravessar com alegria e partilha.

Podemos fazer a travessia com tristeza e luta.

Eu chamo pela paz, pela harmonia, pelo cuidado e pelo respeito.

Nada cessa de se transformar nem por um só instante.

Não somos apenas observadores da vida. Somos a vida pulsando e se transformando. Você pode ser, deve ser e é – mesmo sem saber – um dos elementos dessa transformação incessante.

Não somos apenas observadores. Não somos apenas contempladores. Nosso olhar – nossa observação, nosso contemplar – também é um elemento de transformação. Ação que transforma – muda a forma, pode ir além da forma e do vazio.

Vazio é forma e forma é vazio – frase de um dos ensinamentos de Buda sobre a Grande Sabedoria Completa. Tudo que vemos, sentimos, percebemos, tudo que é, foi e será não tem uma autoidentidade substancial fixa e independente. Forma vazia e vazio na forma. Incessantes transformações, do macro e do microcosmos. Perceber é despertar. Despertar é transformar situações e relacionamentos. É atuar de forma decisiva, rápida, eficiente quando a ação é convocada.

Sente-se por alguns minutos com a coluna ereta e observe sua respiração. Deixe-a fluir naturalmente, não a influencie. Uma respiração profunda é uma respiração profunda. Uma respiração superficial é superficial. Apenas siga sua respiração e permita que, naturalmente, ela se aquiete.

Faça isso antes de um exame vestibular, antes de apresentar uma proposta na sua empresa, antes de falar com seu companheiro ou companheira um assunto delicado. Antes de falar com seu pai ou sua mãe para pedir ou revelar algo que os possa incomodar.

Lembre-se, é simples.

Endireite a coluna vertebral e siga o seu próprio fluxo respiratório.

É importante antes dos processos meditativos mais profundos, antes das preces.

Antes de fazer uma declaração de amor ou pedir os papéis do divórcio.

Antes de votar numa eleição ou falar em público.

Lembre-se de seguir seu fluxo respiratório por alguns minutos.

Não é exatamente para se acalmar. É para estar presente, consciente, lúcida, desperta.

Discernimento

O discernimento correto leva a escolhas adequadas.

De tempos em tempos famílias de jovens vêm ao templo pedir a bênção da sabedoria completa para seus filhos pequenos. Não temos batizado no Zen-budismo e nem consideramos adequado impor a religião dos pais aos filhos. Serão escolhas que farão mais adiante. No entanto, muitos pais e avós querem que a criança seja abençoada, protegida.

Para nós a maior proteção e bênção é a da sabedoria.

A cerimônia é simples, invocamos seres iluminados e benfazejos para que acompanhem e protejam essa criança. Giramos um dos seiscentos volumes dos ensinamentos da Sabedoria e deixamos que esse vento sopre na face da criança. Um pequeno aspergir de água da sabedoria de Buda, água abençoada; e peço aos familiares, amigos e parentes que digam uma palavra de bênção. Pedem saúde, alegria, sucesso profissional, inteligência, bons relacionamentos, amor, amizade, paz, harmonia e muitas outras palavras benéficas. Alguns pedem pelo discernimento correto.

Certa ocasião, o pai de uma criança veio me buscar no templo para que eu fosse fazer a bênção em sua casa.

No caminho me perguntou sobre o significado desse gesto. Ele estava muito preocupado.

Chamamos o Sutra da Sabedoria Completa ou da Sabedoria Perfeita. Perfeita no sentido de que nada falta, que está completa. O pai, entretanto, filho de japoneses, se preocupou: "Não quero que meu filho seja um ser perfeito – é um peso muito grande".

Expliquei que a perfeição está mesmo na imperfeição.

Entretanto podemos nos aperfeiçoar – estudar, dedicar-se, aprofundar-se no sentido da vida e compreender a completude, mesmo na falta.

Teria o pai entendido?

Durante a celebração, ele segurou por alguns momentos seu filhinho, com muito carinho, e disse: "que seja feliz".

Afinal, o que é felicidade?

Será que não está ligada a um sentido de completude, de nada faltar?

Ou podemos ser felizes com a expectativa de um encontro – que talvez nunca aconteça.

Há tanto a compreender.

Por isso, recomendo que, antes de escolher, antes de decidir, você observe em profundidade e veja longe, longe. Causas e condições criam efeitos.

Esses efeitos são causas e/ou condições de outros efeitos. Uma trama de fios luminosos em que, em cada interseção, há uma joia refletindo luz em todas as direções. Essa é uma das analogias para descrever o processo da mente, o processo da vida, o processo da morte.

Interligados estamos, tudo e todos.

O que você faz, fala e pensa mexe na trama da vida.

Como está mexendo? Como está sua vida? Como pode se tornar?

Medo? Medo de mudança?

Podemos nos acostumar até com maus-tratos e abusos.

Este, o abuso, se torna familiar, conhecido, normal, comum. Aprendemos a lidar com a dor e a crueldade, podemos nos encolher, aceitar, fingir que está tudo bem – por medo de mudar. Mudar é adentrar o desconhecido. Não sabemos como é, nem como será.

Temos medo de nós mesmos – falta de confiança em nossas decisões e escolhas.

Não escolher é também uma escolha.

Manter um estado prejudicial, omitir-se, é ser cúmplice do nefasto.

Tudo sempre esteve, está e sempre estará mudando. Somos essa mudança.

O maior presente que podemos dar a alguém é o não medo. Atreva-se a pensar diferente. Atreva-se a questionar o inquestionável. Surpreenda-se e alegre-se em saber e não saber. Processo infindável.

Observe seu corpo e observe sua mente.

Sua maneira de pensar não é a de 10 ou 20 anos atrás. Até as palavras mudaram de acordo com os novos usos e descobertas. Surgem novas expressões, novos termos, novos olhares. Novas maneiras de ser e de pensar estão surgindo e nos modificando agora mesmo.

Algoritmos, relações virtuais, inteligência artificial autocriativa. Precisamos entender computadores, plataformas, sistemas, que nos compreendem até melhor do que nós mesmos.

Participamos simultaneamente da realidade virtual e da presencial. Mundo híbrido.

Como ficam nossas escolhas quando os neurocientistas afirmam que só temos 5% de livre-arbítrio?

Estamos predeterminados a ser como somos? Ou o mundo é fluido e ao fluir criamos ondas e marolas superficiais e/ou profundas com nossos comportamentos?

Há livre-arbítrio, isso é certo por agora. Pequena porcentagem, talvez, importantíssima para mudar os rumos da humanidade.

Acredito no DNA humano e na sua insistência em sobreviver.

Se continuarmos deludidos, imaginando sermos independentes e separados, vamos destruir as condições de vida humana no planeta.

Estamos, há anos, nos preparando para viagens espaciais e descobertas de uma nova hospedaria, para a possibilidade de vida humana em outro planeta.

Daqui alguns milhares de anos, talvez.

Talvez despertemos e saibamos reciclar e restaurar a vida aqui na terra. Tanto na terra como no céu.

As novas gerações surgem hábeis para as tecnologias e se comprometem a manter relações ambientais sustentáveis. Dá-nos a esperança de que podemos passar o bastão para as gerações seguintes, pois serão capazes de esperançar, de fazer acontecer. Não devemos nos limitar à esperança de esperar, de se aquietar, mas à de agir para transformar.

Podemos reaprender, com o ser primitivo que em nós habita, a nos relacionarmos com terras, pedregulhos, gramas, paredes, tijolos, tintas, insetos, plantas, animais, águas, vento, ar e com as árvores – que se ajudam mutuamente, que se comunicam e se auxiliam.

Tudo está vivo. Por que a inteligência humana nem sempre é usada para o bem de todos? O que nos impede de fazer o bem a todos os seres? Onde nos apegamos de pés e mãos se, em verdade, tudo é vazio de permanência?

Durante a pandemia, houve momentos de grande silêncio. Ruas vazias. Céu límpido, menos poluído. Pássaros e peixes em canais de Veneza. Quem diria?

O nascer e o pôr do sol se tornaram claros. Quantos pássaros habitam as cidades e mal os percebíamos. E o brilho da folha verde ao toque do raio de sol? Sempre foi assim. Nem sempre percebemos assim.

Planeta sagrado. Precisamos cuidar para que continue dando condições de vida para nós, humanos. Filhos e filhas da terra, mantidos vivos por energia solar. Não fazemos fotossíntese, mas recebemos essa energia por meio dos alimentos. Agradeçamos.

Acredito em manter, transmitir e vivenciar ensinamentos ancestrais. Entretanto só posso fazê-lo se houver lido, entendido e experimentado, praticado.

Não os aprecio apenas por serem antigos, mas por serem verdadeiros, clássicos do pensamento humano, apontando direções e caminhos por centenas de milhares de anos. Continuamos sendo os mesmos seres humanos, carentes de afeto e repletos de curiosidade. Capazes de aprender e transformar. Capazes de destruir e odiar.

Educar para a capacidade de pensar e de escolher o que possa ser melhor para o maior número de seres. Conseguiremos chegar a esse patamar? Tentemos. Não desista. Tentemos novamente.

Acredito na tradição zen, nas práticas meditativas e na capacidade humana de despertar, de apreciar a luz e a sombra, o movimento e a quietude, o som e o silêncio, o nascer e o morrer.

Em que você acredita?

Reeducar-se

A lenha vira cinza e não volta a ser lenha. Mas não devemos pensar que cinza é depois e lenha, antes. Saiba que a lenha está em sua posição do darma como lenha e tem seu passado e futuro. Embora tenha passado e futuro, atravessa o passado e o futuro.
Cinza está em sua posição do darma de cinza e tem seu passado e futuro. Assim como a lenha, depois de se tornar cinza não volta a ser lenha, assim uma pessoa, após a morte, não renasce. Por isso não dizemos que a vida se torna a morte. Esse é o caminho estabelecido do darma de Buda. Por essa razão é chamado de não nascido. Morte não se torna vida. Esse é o estabelecido Buda girando a roda do darma. Por essa razão é chamado de não morto.
A vida é o seu próprio tempo.
A morte é o seu próprio tempo.
Por exemplo, é como inverno e primavera. Não pensamos que o inverno se torna primavera. Não dizemos que a primavera se torna verão.

Mestre zen Eihei Dogen, *Genjokoan*.

Mestre Eihei Dogen (1200-1253), fundador da Ordem Soto Zen Shu no Japão, comparava nossa capacidade de percepção da realidade como alguém que estivesse em um barco no meio do oceano, sem nenhuma terra à vista.

Quando olhamos à nossa volta, tudo é apenas um círculo. Entretanto, o oceano não é circular. Como vemos a realidade? Somos capazes de apreciar a vida, de reconhecer em cada criatura a manifestação do sagrado e desenvolver relacionamentos de harmonia e respeito.

É preciso nos reeducarmos. É preciso adentrar o mais íntimo, reconhecer e restaurar a simplicidade rompida, os valores partidos, o coração roto (corrupto) e voltar a nos maravilhar ao ver, como se fosse a primeira vez, ouvir e reconhecer sons como nunca antes ouvíramos. Perceber fragrâncias sutis e texturas ásperas ou suaves. Luz e sombra. Som e silêncio. O imenso e o mínimo. Sempre esteve aqui, mas nós, onde estávamos?

Sentidos alertas, coluna ereta, mente desperta.

Os textos sagrados apontam a luz, a clareza do discernimento correto e nós precisamos crer e olhar na direção apontada. Podemos ver, discernir, acreditar em nós, na mente humana, em nossa capacidade de despertar por meio das práticas e ensinamentos que nos levam e elevam a níveis superiores e mais profundos de compreensão e ação.

Quem sabe possamos redescobrir a beleza da própria existência ao existir.

Pare agora. Feche o livro e o coloque suavemente na mesa mais próxima. Deixe a brisa entrar pela janela entreaberta, mesmo que esteja nevando. Seu corpo está preparado para o autoaquecimento. Não se encolha. Respire. Alinhe a coluna vertebral e a cervical. A postura física é importante, ela revela seus estados emocionais.

Fique alguns momentos assim, sem fazer nada. Além do pensar e do não pensar.

Reconhecer a finitude

Buda comparava os seres humanos a quatro tipos de cavalos. O primeiro, ao ver a sombra do chicote, caminha, marcha, corre veloz. O segundo precisa levar uma chicotada no lombo. O terceiro só sai do lugar se a chicotada cortar sua carne. O quarto, apenas quando a ferida chega ao osso.

Não somos iguais, embora sejamos semelhantes.

O primeiro cavalo pode ser comparado a alguém que, ao saber do novo Coronavírus em Wuhan, na China, no final de 2019, começou a se organizar para uma possível pandemia. Não apenas isso; mas, vendo que a doença e a morte podem ocorrer a qualquer instante, passou a viver com mais entusiasmo e alegria, mantendo o cuidado e a atenção necessários.

O segundo cavalo é a pessoa que só aprecia cada instante da existência ao perceber que pessoas conhecidas – embora distantes, como o primeiro-ministro da Inglaterra, por exemplo – podiam se contaminar e ficar doentes. Ao sentir a proximidade da doença e da morte, em alguém conhecido, lembra-se de sua própria finitude e passa a viver com mais dignidade e respeito.

O terceiro cavalo precisa de um estímulo mais forte, o sentimento sofrido e triste de saber sobre uma pessoa querida e próxima, um filho, uma filha, pai ou mãe, avós, tios, primas que houvessem contraído a Covid-19. Alguns morrem ou sofrem nos hospitais. Só então se dão conta da brevidade da vida, da impermanência e, passando por uma dor profunda, avaliam melhor seus valores e princípios.

Iniciam o processo de apreciar a própria vida.

O quarto cavalo só permite o despertar ao contrair a doença e estar quase morrendo. É nesses momentos de esforço por sobreviver que redescobre a grandiosidade da existência humana, revê seus valores e princípios e, ao se curar – caso haja cura –, passa a apreciar a vida com plenitude.

Nós somos assim. Há momentos em que somos o primeiro cavalo – hábeis de nos religar ao sentido mais profundo da existência e apreciar cada instante sagrado, único da nossa vida. Em outras circunstâncias, nos comportamos como o segundo cavalo e precisamos de algum desconforto para reconhecermos a finitude. Reconhecer a finitude é apreciar o agora.

Se estivermos distraídos com as coisas mundanas, compras, roupas, calçados, alimentos, posições sociais e de poder, ficamos empacados e não apreciamos a vida, não cuidamos de criar relacionamentos de cuidado e respeito. Precisamos de um tranco forte, de uma morte súbita de um ser querido para repensarmos nossa existência.

Já o quarto cavalo é quando recebemos um diagnóstico terminal. Não há mais muito tempo de vida. Está acabando. Como vivemos? O que fizemos? O que faltou fazer? Parece, então, sem sentido ter corrido tanto atrás de fama e lucro. Sentimos todo o desperdício de afetos e cuidados deixados para depois, pois priorizávamos as tentativas constantes de sucesso profissional e de sensações prazerosas infindáveis.

Arrependimento e culpa podem surgir; medo da morte e da dor se tornam angustiantes, como adentrando um túnel, que cada vez se torna mais sombrio. Nesses momentos, podemos voltar ao sagrado, vislumbrar uma trêmula claridade ao longe, longe, e iniciamos a caminhada trôpega e confusa à procura de sentido à vida. Aquele sentido que não soubemos dar enquanto estávamos saudáveis.

Por isso, atenção! Não espere pelos últimos instantes da sua existência para apreciar a vida.

Respire conscientemente.

Endireite a coluna vertebral e a cervical.

Queixo em paralelo ao chão.

Ao inspirar, suave e profundamente, perceba a caixa torácica se expandindo em todas as direções. Ao expirar perceba a contração.

Esteja presente em seu corpo e sua mente natural se restaura. Aprecie a quietude.

Na tranquilidade, a mente está bem irrigada, pensamentos passam sem deixar rastros.

Não se apegue ao pensar ou ao não pensar, fique alguns minutos em silêncio.

Como se não houvesse nada mais a fazer, apenas se sentar e respirar conscientemente.

Você, repetindo algumas vezes essa prática, logo encontrará o eixo de equilíbrio.

A mente se torna natural e tranquila.

Sem nada a ganhar e sem nada a perder.

Presença pura, alerta, vívida, plena, sem expectativas e sem intenções.

Despertar

*Iluminação é como a lua refletida na água.
A lua não se molha e a água não se
 perturba.
Embora seja uma grande expansão de luz,
é refletida em uma pequena poça de água.
Toda a lua e todo o céu se refletem
Em uma gota de orvalho, em uma folha
 de grama.
Refletem-se em uma gotícula de água.
Iluminação não perturba a pessoa
como a lua não fura a água.
A pessoa não obstrui a iluminação,
como a gota de orvalho não obstrui os céus.
A profundidade é a medida da altura.
Quanto ao tempo ser longo ou breve,
devemos investigar se a água é grande
 ou pequena
e discernir se o céu e a lua são largos
 ou estreitos.*

Trecho do capítulo "Genjokoan", do Mestre zen Eihei Dogen, século XIII – Japão –, fundador da Soto Shu.

Redescobrir o essencial, perceber novos modelos de relações híbridas entre virtual e presencial, apreciar cada instante e todas as instâncias da existência – a isso, no Zen-budismo, chamamos de despertar ou iluminar-se.

Recentemente um rabino comentou que, no Judaísmo, as pessoas rezam-se. No Zen-budismo as pessoas meditam-se. O olhar para dentro de si é o olhar para o além de si mesmo. Antes de seus pais nascerem, quem era você? Onde estava? Onde está agora?

Um monge na China antiga questionou um mestre: "Se tudo é a natureza Buda manifesta, o perverso, o mal, o corrupto também é manifestação do sagrado?"

O Mestre respondeu monossilabicamente: "Mu".

Mu é uma negativa, mas o Mestre não estava negando.

Quando iniciamos a procura acreditamos que o sagrado, a natureza Buda, esteja em algum lugar especial do nosso corpo, cérebro. Também consideramos que seja pura, perfumada, bela e santa. Ainda estamos trabalhando o processo de forma dualista. Transcender a dualidade pode necessitar, algumas vezes, de ir além das palavras, além do dual, do bem e do mal.

São meios hábeis provocando o despertar da mente desperta.

Ora, se a mente já é desperta, por que temos de usar meios hábeis e práticas para o despertar?

Pois os meios hábeis e as práticas são o despertar da mente desperta. Reflita.

Despertar a mente iluminada.

Despertar a mente desperta a mente Buda.

Buda significa, literalmente, aquele ou aquela que despertou. A pessoa que atingiu o estado Buda atua de forma a beneficiar todos os seres sem necessidade de aplausos e medalhas, sem necessitar reconhecimento e honras.

Você conhece esse estado também.

Você é Buda. Entretanto, nunca diga que é Buda, pois budas nem percebem que são budas.

Caso se perceba separado, diferente, especial, mais do que as outras pessoas, é porque ainda falta muito para acessar sua mente desperta.

Caso sinta que há insuficiência em você, nos seus conhecimentos e progressos, é porque acessou a mente sagrada.

Essa mente está muito além do eu e do outro. É onde o tu e o eu se tornam o indivisível cetro que rege a harmoniosa música celestial.

Ouça. Ouça sem julgar. Sons e ruídos. Torne-se o som e o ruído, sem preferências. Pratique *zazen* – sentar-se em meditação silenciosa. Pratique *kinhin* – a meditação caminhando, lenta, solene, cada pé avança apenas meio pé. Inspirando e expirando suave e profundamente. Mantenha as mãos na altura do diafragma. Os dedos da mão esquerda abraçam o polegar esquerdo. Os dedos da mão direita cobrem esse punho. Os cotovelos em linha e ângulo reto. Pisando com tal suavidade e leveza que quem nos olhasse pensaria que não estávamos nos movendo. Sem pressa, mas com urgência, desperte!

Iluminação

Eu e a grande terra e todos os seres juntos simultaneamente nos tornamos o Caminho.

Essa foi a exclamação do Buda histórico, há mais de 2.600 anos, no momento do seu despertar. Foram dias e noites de incansável pesquisa interior. Tentações e tentações foram vencidas, no amanhecer do oitavo dia, ao avistar a estrela da manhã, fez a exclamação acima.

Esse "eu" não se refere a uma pessoa. A pessoa e tudo que existe no céu e na terra surgem desse "eu". Logo, pergunto a você, que "eu" é esse de onde tudo surge e que tudo contém?

"Encontrar o absoluto ainda não é iluminação." Frase de um texto clássico zen-budista.

Certa ocasião um homem veio ao templo onde eu era responsável e me disse: "Monja, eu tive a experiência do despertar".

"Muito bem", respondi. "E como está sua vida agora?"

Ele se foi.

Há pessoas que procuram apenas por alguém que certifique o seu despertar. O verdadeiro ser desperto se torna uma pessoa comum, simples, despida de pretensões e presunções.

É alguém que, ao encontrar uma ação, age.

Sempre pronto a, silenciosa e misteriosamente, auxiliar todos os seres ao despertar. Se ainda precisamos de autenticação da nossa experiência é porque ela foi superficial.

Despertar é identificar-se com tudo e com todos, é encontrar meios hábeis de fazer com que todos despertem, percebam o grande caminho e se tornem a harmonia.

É sair de um estado semiadormecido, sem clareza. É acessar a luz do contentamento com a existência, o reconhecimento do sagrado em cada partícula, em tudo que foi, é e será. Isso inclui você. Um "eu" e um "e" inseparáveis.

É necessário esforço, prática, estudo, perseverança, entrega, aceitação e transformação de conceitos e pré-conceitos para acessar o que é, assim como é.

Prepare-se para participar de um retiro de meditação.

Pode iniciar com um final de semana e depois se inscreva para retiros de cinco ou sete dias. Algo acontece quando nos permitimos ficar em silêncio por mais do que três dias. Silêncio e meditação.

Você pode escolher o trecho de um texto sagrado da sua tradição espiritual. Um trecho curto, talvez um ou dois parágrafos, no máximo. Leia vagarosamente e procure sentir o sabor de cada palavra. Repita a leitura em voz alta. Então, acomode seu corpo em uma posição que possa permanecer por mais de 40 minutos. Deixe que as palavras envolvam seu corpo e sua mente. Sem expectativas. Apenas respire conscientemente.

Ao final, escreva em uma folha de papel, ou na tela de seu celular ou computador, aquilo que aflorar à sua cabeça, sem julgamento – uma associação livre.

Leia e releia em voz alta o que você escreveu.

Levante-se e vá para a atividade seguinte.

Não leve nada com você, ou melhor, leve o nada em sua companhia e estará completamente livre.

Interdependência

Atravessamos a pandemia que nos atravessou, rasgou nossos afetos e desafetos. Destruiu pessoas, famílias, profissionais e nos fez ver o absurdo das nossas falsas crenças de estarmos separados, de termos estabilidade e independência. Onde ficou a segurança imaginada?

Foi-nos oferecido o isolamento social, que poderia ter sido utilizado como um grande retiro espiritual para nos aprofundarmos na verdade e no caminho.

Se conseguimos alguns momentos de leitura sagrada, de questionamentos filosóficos, se procuramos por momentos mais espirituais e levantamos perguntas existenciais, se fomos capazes de meditar e observar em profundidade a nós mesmos, pudemos encontrar o absoluto que se manifesta no relativo e percebemos o relativo no absoluto. Quem sabe conseguimos apreender a completude, o enlace em que absoluto e relativo se manifestam como uma caixa e sua tampa. Funcionamento de interdependência.

Quando vemos o absoluto, o relativo se esconde. Quando observamos o relativo, o absoluto não se revela. Se há momentos apenas do absoluto, há momentos apenas do relativo, há momentos em que ambos se revelam em plenitude e completude. A isso chamamos o despertar.

Transcender as dualidades, vivendo no mundo comum.

Leonardo Boff, teólogo brasileiro, insiste em dizer: "Transcendência na imanência".

No Zen-budismo procuramos esse encontro do absoluto e do relativo na vida diária.

Não praticamos *zazen* para nos afastarmos da realidade e do mundo, mas para estar no mundo de forma mais amorosa, hábil, sábia. O encontro com o sagrado depende da procura pelo sagrado. Essa procura e esse encontro são infindáveis.

O que você tem procurado? Onde tem procurado? Como tem procurado?

Antes de dormir, silencie.

Desligue a televisão, os computadores e não leve o celular para a cama.

Nunca trabalhe sobre a sua cama.

Procure ter uma mesa ao lado e uma luz suave.

Troque de roupa para dormir, prepare sua cama com respeito.

Faça uma oração e se deite, de costas.

Mantenha os olhos semicerrados e todo o corpo relaxado.

Observe sua respiração.

Que seja nasal, suave e profunda.

Sinta seu batimento cardíaco.

Não tenha medo.

Pode parecer que não está quase respirando, mas está.

Você e a respiração já não são dois.

O coração que bate macio em seu tórax é o coração sagrado de todos os seres despertos.

Sinta a doçura singela desses momentos.

Silenciada a mente, corpo tranquilo, durma.

Desperte!

Somos a vida da Terra, girando em torno de si mesma e em torno do Sol. Giramos juntos e nos transformamos juntos.

Somos o tempo.

Não corremos contra nem a favor.

A existência é o tempo.

Respirando conscientemente levante-se devagar. Faça alguns alongamentos. Contraia os pés, as pernas, os glúteos, o abdômen, as costas, os braços, o pescoço, a face. Lentamente descontraia de cima para baixo e depois de baixo para cima. É uma forma de energizar seu corpo para o novo dia.

Não corra. Perceba a ansiedade que possa surgir e diga para si mesmo o que está a fazer: respirando, caminhando, abrindo a porta. Sinta a maçaneta, o chão. Você é o tempo. Você é a vida.

Não há nada a perder e nada a ganhar.

Interseja e se transforme com a terra e todos os seres. Perceba a fluidez e a correlação entre seu corpo, seus gestos, seus movimentos e seu respirar. A terra toda respira em você. Encontre o absoluto e o relativo em perfeita harmonia, mesmo quando houver uma aparente desarmonia.

Faça desse momento o melhor momento de toda sua trajetória. Presença pura. Esteja apenas absolutamente presente no agora. Inspirando e expirando.

Desperte!

O tempo, o momento é agora.

Tenha uma boa morte

Quantas mortes!

Quantos nascimentos!

Vai deixar para amanhã ou depois o que pode e deve fazer agora?

E se não houver um amanhã?

E se não houver nem mesmo mais 1 hora?

Cassiano Ricardo, um poeta paulista, escreveu:

> Cada minuto de vida nunca é mais
> É sempre menos
> Desde o instante em que se nasce
> Já se começa a morrer.

Ouvi dizer que há certos religiosos cristãos que se cumprimentam dizendo: "Tenha uma boa morte".

É um cumprimento de respeito fraternal amoroso.

Invés de bom dia, boa morte.

Qualquer momento pode ser o momento de morrer.

Que seja um bom momento. E morremos inúmeras vezes a cada dia.

Só morrerá tranquilo quem viveu e fez o seu melhor. Poderá ir, sem olhar para trás.

Você está fazendo o seu melhor agora?

Perceba que não há nada pelo qual matar e/ou morrer.

Veja que não há qualquer razão para se matar ou exterminar alguém.

Viva.

Viva com dor e sem dor.

Vida com alegria e tristeza.

Não pode enterrar nem cremar seus mortos?

Ora, os mortos não são seus.

Nada pertence ao ser.

Despeça-se com respeito e dignidade.

Uma flor, um aroma, uma prece, uma vela acesa (e logo depois apagada – tantos incêndios por velas esquecidas em templos antigos...).

Todos iremos morrer.

Todos nascemos.

Gratidão pelos breves instantes de vida humana.

Vida que se transforma a cada instante.

Há um ditado japonês: *"Nichi nichi kore ko jitsu"*, que poderia ser traduzido por: "Dia, dia este alegre dia". E um mestre Zen contemporâneo, Yogo Suigan Roshi, que confirmou minha compreensão dos ensinamentos e era o professor dos professores de mosteiros, mudou esse dizer: "Dia, dia, este dia".

Sem julgamento de bom, médio, alegre, triste.

Assim como é.

Por que lamentar-se?

O que você faz de benéfico para o maior número de seres?

Sim, falo de todas as espécies de vida no planeta.

Ou você pensa só em você, como se possível fosse estar separado do todo manifesto?

Acorde.

Somos. Intersomos.

Genjokoan

Mencionei anteriormente um texto do século XIII, de Mestre Eihei Dogen, chamado *Genjokoan*, em japonês. *Koan* significa uma questão, um caso público. Algumas práticas zen incluem oferecer um *koan* – uma questão que transcende a mente comum, transcende a lógica, para que o/a praticante possa se libertar das amarras dos pensamentos preestabelecidos e, pela primeira vez, encontrar a realidade assim como é.

Genjo significa a vida diária.

Qual o seu questionamento em sua vida diária e como você se torna essa questão?

É possível ser e resolver o paradoxo?

O *koan* é um estímulo ao despertar da mente Buda.

Mente que ao despertar se percebe interligada a tudo e a todos.

Somos a vida da terra.

Somos o todo manifesto.

Cada um, cada uma de nós.

Não somos parte do todo.

O todo se manifesta em inúmeras formas: pedras, areia, insetos, árvores, águas, vento, ar, pessoas, animais, aves e assim por diante. Esse equilíbrio cósmico da coexistência, que chamamos de interdependência, é o que nos permite ser.

Nada tem uma autoexistência substancial independente. Estamos todos e tudo interligados, dependemos de outras formas de vida.

Desconheço uma tesoura que possa me recordar da realidade, que possa me separar da vida em sua pluralidade de manifestações.

Despertar é perceber-se em relação e cuidar com respeito e ternura de todas as relações.

Tudo está mudando. Talvez Karen Armstrong considere esta uma era axial – era de grandes transformações do pensamento e dos relacionamentos humanos.

Sim, aqui estão os algoritmos que podem nos conhecer melhor do que nós mesmos.

O que queremos esconder sobre quem somos, o que somos, o que nos interessa.

Os algoritmos nas telas dos computadores e celulares colhem nosso olhar, percebem o movimento das pupilas e dos nossos interesses e podem nos influenciar a fazer escolhas.

Será que nos tornaremos vítimas e escravos da tecnologia que criamos, da inteligência artificial que se autonutre e desenvolve mais rapidamente do que seus criadores?

Ou será que saberemos direcionar a inteligência artificial para o benefício da vida e de todos os seres?

Negação

Durante a pandemia houve pessoas que se tornaram solidárias, que desenvolveram aptidões e se expuseram para beneficiar outras pessoas. Nos incêndios, avalanches, *tsunamis*, enchentes, terremotos, desabamentos sempre encontramos pessoas que se arriscam a procurar sobreviventes.

A educação para o bem coletivo importa.

"Importar" vem de trazer para dentro de si, de se transformar.

Daí surge o cuidado.

Dois sentidos: um deles é o da atenção.

Tome cuidado.

Faça tudo em presença pura.

O descuido pode causar rompimento de barreiras que poderiam ter sido reparadas antes de se romperem; o descuido pode causar acidentes de trabalho, acidentes de relacionamentos – aquela palavra dita sem pensar e que causa desafetos. Atenção plena, *mindfulness* – como um pré-requisito para estudar, trabalhar, construir, viver e evitar falhas.

E existe o cuidado de cuidar, de considerar a si e aos outros como seres preciosos. Todas as vidas importam: negros, vermelhos, amarelos, brancos, mestiços.

Todas as vidas importam – todas as vidas em você, dentro de você: plantas, insetos, formigas, baratas, ratos, pássaros, gatos, cachorros, cavalos... O feno e o trigo, a maçã e o café... Tudo é vida e tudo depende do nosso cuidado.

Aquecimento global – quantas pessoas profetizam o perigo que corremos por não cuidarmos.

Negamos.

Negamos o descaso de alguns que querem tapar o sol com uma peneira.

Como nesta pandemia do Novo Coronavírus.

Tantas pessoas que saíram descompromissadas, sem máscaras, sem os cuidados sugeridos pelos órgãos de saúde pública.

Será que as vacinas, agora sendo testadas e algumas já aplicadas, serão a resposta?

O vírus está se modificando.

Como tudo, como tudo que existe, como todos nós.

Somos cobaias da própria existência.

Experimentação, tentativa e erro, tentativa e acerto.

Como você está experimentando sua existência hoje?

Sente medo, dor, aflição, ansiedade?

Sente liberdade, alegria e plenitude?

Todas as possibilidades estão abertas para nossas escolhas. Neurocientistas afirmam que só temos 5% de livre-arbítrio.

Extraordinário.

5%; os outros 95% atrelados à genética e às nossas experiências intra e extrauterinas.

Quem somos nós? O que somos nós?

Como funcionamos? O que são sensações, percepções, conexões neurais e consciências?

Podemos nos modificar ou somos como somos e não há possibilidade de mudanças?

Ora, tudo está se transformando incessantemente. Posso ver em minhas mãos, agora, com 73 anos, articulações com artrose genética, dedos tortos. Uma foto de alguns anos atrás e revejo a mão que foi jovem, de dedos retos. Já não sou quem fui nem mesmo quem serei.

E, quando digo que sou o que sou agora, o agora já se foi e já mudei.

Inspirando e expirando conscientemente percebo meus gestos, minha postura, minha atitude. Não é a mesma da menina, da adolescente, da mulher adulta.

Um ser humano em constante transformação, assim como tudo que é, foi e será.

O gelo derrete, aliás, as geleiras estão derretendo.

Durante a pandemia, o buraco da camada de ozônio fechou, as águas poluídas e fétidas de Veneza ficaram límpidas, nas quais peixes e pássaros vieram festejar.

As cidades desertas de seres humanos se tornaram *habitat* e passagem para todos os tipos de animais e pássaros.

Vida silvestre em plenitude. Será que aprendemos alguma coisa?

Nos Estados Unidos, candidatos à presidência se destratam pública e pessoalmente. Manifestações antirracistas no mundo todo, ao mesmo tempo em que movimentos neofascistas se levantam armados em milícias prontas à violência.

Ódio e incompreensões.

Destemperos. Abusos de poder.

Despertar de consciências.

Ações corretas e respeito à vida.

Estaremos ficando mais solidários ou mais solitários?

Cada um de nós é um ser único.

Há pessoas que estão se tornando mais solidárias, cuidando e se manifestando para o bem de todos. Quer nas explosões no Líbano, quer na inclusão de refugiados, quer no compartilhar de atenção e cuidados.

Há pessoas que se fecham em si mesmas, pensando sempre nas vantagens pessoais que possam obter, esquecendo-se que estamos todos interrelacionados e interdependentes. Que lamentável. Como fazer com que todos os seres despertem e alcancem o Caminho Supremo?

Sempre manter isso em pensamento não é se tornar a palmatória do mundo e se posicionar como alguém capaz de forçar a transformação e mudança de pessoas próximas – ou mesmo distantes.

Tornar-se um modelo, um exemplo, depende da coerência entre seus votos, propósitos e sua maneira de viver.

Viver com menos, com simplicidade, apreciando cada instante também depende de treinamento.

Não falo de vocações monásticas.

Falo de pessoas que se dedicam a uma vida simples, sem excessos e sem faltas, que procuram nos rótulos de alimentos seu valor nutritivo e data de validade, que compartilham dos conhecimentos e dos bens materiais com verdadeiro desapego. Que façam bom proveito, que usem da melhor maneira. E não ficamos cobrando.

Imagine alguém doar um órgão e passar a controlar a pessoa que o recebeu, exigindo que viva da maneira que a pessoa que doou considere adequada.

Uma vez doado, uma vez dado, já não lhe pertence. Aliás, nunca pertenceu. Nada pertence ao ser.

Nem mesmo um verso ou toda uma poesia, nem a música ou a voz, o canto. Nada material ou imaterial pertence ao ser, nem seus pensamentos. O ser não pertence, pois está além do pertencimento. Livre e em movimento.

Tudo passa, tudo flui. Nós também passamos e fluímos. Importa perceber o movimento incessante e, mesmo assim, sabendo que tudo é transitório e passageiro, comprometer-se eticamente. Paradoxal?

Vidamorte

Uma criatura
Sei de uma criatura antiga e formidável,
Que a si mesma devora os membros e as
   entranhas,
Com a sofreguidão da fome insaciável.
Habita juntamente os vales e as
   montanhas;
E no mar, que se rasga, à maneira do
   abismo,
Espreguiça-se toda em convulsões
   estranhas.
Traz impresso na fronte o obscuro
   despotismo;
Cada olhar que despede, acerbo e mavioso,
Parece uma expansão de amor e egoísmo.
Friamente contempla o desespero e o gozo,
Gosta do colibri, como gosta do verme,
E cinge ao coração o belo e o monstruoso.
Para ela o chacal é, como a rola, inerme;
E caminha na terra imperturbável, como
Pelo vasto areal, um vasto paquiderme.
Na árvore que rebenta o seu primeiro gomo
Vem a folha, que lento e lento se desdobra,
Depois a flor, depois o suspirado pomo.
Pois essa criatura está em toda a obra:
Cresta o seio da flor e corrompe-lhe o fruto,

E é nesse destruir que as suas forças dobra.
Ama de igual amor o poluto e o impoluto;
Começa e recomeça uma perpétua lida;
E sorrindo obedece ao divino estatuto.
Tu dirás que é a morte; eu direi que é
a vida.

Poema de Machado de Assis, jornalista e escritor brasileiro do século XIX.

Essa poesia era declamada por minha mãe nas festas de família. Eu era criança e a ouvia, em quase adoração. Fazia-me pensar. Foram muitas as poesias, desde o bercinho, que ficava na sala onde minha mãe dava aulas de declamação. Coisas antigas, do século passado.

Vidamorte, mortevida. Impossível separá-las.

Não queremos vencer a morte, mas conhecê-la sem paúra. Vida eterna é morte eterna, e tudo continua, num fluxo incessante como as ondas do mar.

Vida desperta é vida plena, onde a noção de um eu separado foi esquecida. Sem mais esperar reconhecimento e gratidão, aceita igualmente a crítica ou o elogio, a vingança ou o perdão.

O verdadeiro dar é simples, puro, sem intenção.

A verdadeira compaixão é livre, pura energia vital, como alguém tentando pegar o travesseiro à noite, ainda dormindo. Sem esforço e, ao mesmo tempo, precisamos nos esforçar para sentir compaixão pelos maus, pelos perversos atos de seres humanos incapazes de amar e querer bem.

O que nos faz falhar, odiar, abusar, roubar? O que nos corrompe e nos perturba?

Ganância, raiva e ignorância são os três venenos que levam os seres humanos ao sofrimento e à dor.

O oposto da ganância é a doação. Doar seu olhar, seu ouvir, seu tempo. Doar alimentos, roupas, perceber a necessidade verdadeira de cada ser e atender essas necessidades. Doar não medo. Doar a sabedoria, o despertar, a capacidade de pensar e discernir.

O oposto da raiva é a compreensão, o ouvir para entender e usar a indignação como alavanca de transformação do mundo. Não é passividade, não é acobertar os erros e faltas, os abusos. É dar visibilidade e cura, participar do processo de transformar tudo que seja prejudicial e nefasto.

Trata-se do oferecer a acolhida amorosa, terna, fraterna, capaz de transformar os estados raivosos em ações efetivas e não violentas de mudança. Para isso é preciso conhecer a si mesmo, perceber fisicamente as alterações respiratórias e musculares da raiva. Respirar conscientemente, de forma mais profunda e leve, ao mesmo tempo que relaxa as contrações musculares. A partir de retornar ao estado natural, pensar meios hábeis de transformação.

O oposto da ignorância é a sabedoria, a capacidade de observar em profundidade e com clareza toda e qualquer situação. Após analisar e compreender as causas e condições, procurar meios hábeis para transformar causas e condições prejudiciais e criar causas e condições benéficas.

Ignorância é não acreditar na lei da causalidade, é não entender a interdependência e a transitoriedade. É crer em *fake news* e as espalhar, é não saber que é possível nos libertarmos de nós mesmos, de pensamentos errôneos e que todos nós podemos, nesta vida, nos tornarmos o caminho, pois somos a verdade manifesta.

Quando usamos os antídotos, os venenos deixam de surtir efeitos e ficamos saudáveis.

Da mesma forma que cientistas, médicas e médicos procuram compreender cada corpo humano para administrar remédios adequados às suas necessidades, precisamos do autoconhecimento para percebermos onde e como devemos aplicar os ensinamentos sagrados para nos libertarmos.

Um ser livre é um ser responsável.

Oito aspectos

Em seu último ensinamento, Xaquiamuni Buda falou a seus discípulos sobre oito aspectos de um ser superior.

O primeiro aspecto é libertar-se da ganância. A pessoa de poucos desejos não é escrava de seus órgãos dos sentidos nem se torna dependente de outras pessoas. A pessoa gananciosa procura por poder, fama, lucro, sujeitando-se a situações desfavoráveis, gerando sofrimentos a si e à sua volta.

Um querer sem limites pode levar a crimes, abusos, corrupções, mentiras – dessa forma a mente fica aflita, angustiada.

A ganância pode ter várias formas: poder, riqueza, fama e até mesmo ganância espiritual, querer a santidade, considerar-se melhor do que outros aspirantes ao caminho espiritual.

A última das tentações do Buda histórico, quando meditou por sete dias e sete noites, foi o orgulho. Ele havia sido capaz de superar os desejos dos órgãos dos sentidos, os medos e aflições, as tentações mais variadas. Na sétima noite, o grande ser dual se apresenta a ele e diz: "Agora sim, você é o Buda dos Budas. Você é o melhor entre todos os seres humanos, você é mais do que todos, alcançou a suprema iluminação, o grande despertar".

Porém, Buda, depois de haver atravessado os vários portais, já está em outro plano de consciência, já não há nele nenhum vestígio de ganância e, negando essa afirmação falsa, coloca uma das mãos sobre a terra e exclama:

"A terra é minha testemunha."

Terra de húmus, ser humano, humildade.

Somos a vida da terra em constantes transformações.

Nem melhor nem pior nem igual a ninguém.

Semelhantes somos, mas não iguais.

O segundo aspecto é encontrar um estado de satisfação, de completude. A pessoa satisfeita fica bem mesmo dormindo no chão. Quem não conhece o contentamento é infeliz mesmo em palácios celestiais.

Quem conhece a satisfação sente piedade pelos insatisfeitos, pois estes estão escravizados pelos desejos e nunca encontram a plenitude, o bem-estar.

O terceiro aspecto é apreciar a quietude, apreciar estar a sós, apreciar o silêncio. Nem sempre é fácil acessar o silêncio interior. Este independe dos sons e ruídos exteriores. Há pessoas que não suportaram o isolamento e precisaram ir a bares, restaurantes, festas, aglomerações, mesmo sendo contraindicado pelo possível contágio do Coronavírus e das várias formas de Covid-19.

Buda recomendava a seus discípulos e discípulas que apreciassem a quietude, pois quem quer estar sempre com outras pessoas acaba sendo perturbado por tantos estímulos.

Buda comparava a pessoa que está sempre cercada por outras pessoas a um elefante preso na lama ou na areia movediça. Torna-se prisioneiro e incapaz de apreciar sua vida e sua liberdade de ser quem é, independentemente da opinião dos outros.

O quarto aspecto é diligência, esforço correto, prática incessante. Quem se mantém sempre no caminho da prática correta poderá superar as possíveis dificuldades que surjam, perceberá as armadilhas do caminho, da vida e poderá evitá-las de forma adequada.

As analogias de 2.600 anos podem parecer estranhas para nós, como, por exemplo, a de alguém que tente fazer fogo esfregando dois pedaços de madeira e, por ficar cansado, parasse antes de a faísca surgir.

O quinto aspecto de uma pessoa grande, amadurecida, é a memória correta. Lembrar-se da verdade é como estar protegido por uma redoma que evita as provocações dos sentidos, evita formas de pensar falsas e errôneas que poderiam levar a grandes insatisfações. Viver a verdade é tornar-se a verdade. Não esquecer é não se afastar. É preservar a verdade e não ser enganado pelo que é falso e nefasto.

O sexto aspecto é a prática de *samadhi*. *Samadhi* significa viver na Verdade e manter um estado mental imperturbável. Há vários níveis de *samadhi* – estado meditativo profundo onde ocorre a transcendência de um eu pessoal e de uma realidade exterior. É a grande comunhão com o todo. No momento em que ocorre não há um eu presenciando e consciente, pois não há estímulo cerebral nessa área, embora todo o resto do cérebro esteja ativo.

Respiração consciente e perseverança nos processos meditativos levam o praticante a acessar os estados profundos de *samadhi*. Esse estado leva ao sétimo aspecto – sabedoria.

A prática da sabedoria surge do despertar, que é o resultado de haver praticado os ensinamentos que ouviu, leu, entendeu e pensou sobre. Quem possui sabedoria está livre da ganância, não é controlado pela raiva e sai da ignorância. Logo, devemos todos estar atentos a nós mesmos, à nossa maneira de falar, de agir e de pensar. O autoconhecimento, como também dizia Sócrates, leva à sabedoria. A pessoa sábia não é mais uma guerreira, não é violenta nem agressiva, embora possa usar meios hábeis aparentemente rudes para levar outros seres ao despertar.

Há uma história antiga, de dois monges conversando. O professor, numa plataforma elevada, explicava sobre o vazio dos cinco agregados. Ou seja, que os seres humanos são formados pelo corpo físico, no qual ocorrem as sensações, as percepções e fazemos conexões neurais que levam a vários níveis de consciência.

Nenhum desses estados é fixo ou permanente.

O corpo está sempre sujeito a mudanças: crescimento, doenças, envelhecimento e morte. As sensações se alteram a cada instante, da mesma forma que sua percepção, o que leva a variadas conexões neurais, que são transmitidas aos vários níveis de consciência. Como tudo que existe, vazios de uma autoexistência substancial, independente e separada.

O monge, que de longe ouvia o mestre, gritou: "Entendi!"

E, apanhando ar com uma das mãos, exclamou: "Peguei o vazio".

O mestre o chamou: "Muito bem. Venha até aqui".

Faceiro, o monge se aproximou.

O mestre, de um só golpe, torceu-lhe o nariz, provocando um grito de dor.

"Acabo de pegar o vazio", riu o mestre, e o monge, compreendendo, também riu.

Não devemos ficar aprisionados pelas palavras. Estas apontam a verdade, o real, mas não são a experiência.

Buda disse a seus discípulos, pouco antes de morrer: "A pessoa que possui a verdadeira sabedoria é como um navio forte cruzando o oceano de nascimento, velhice, doença e morte. Como uma luz clara apagando a escuridão da delusão, como o remédio adequado ao doente, como um machado afiado cortando a árvore da falsidade. É alguém capaz de sempre ver a verdade, com seus próprios olhos. Esse o poder da sabedoria".

O oitavo e último aspecto é evitar a fala fútil, evitar discussões desnecessárias.

Parem de ficar postando palavrões, mentiras, querendo desviar a atenção das pessoas do que realmente importa e do que dependem a vida humana e a harmonia dos elementos vitais.

Discussões perturbam a mente e impedem o despertar verdadeiro.

Ao final desse discurso, Buda disse aos discípulos presentes: "Procurem incessantemente pelo Caminho, pois as coisas mundanas – tanto as transientes como as intransientes – estão sujeitas à destruição e à decadência. Parem por um momento, pois o tempo está passando e estou quase morrendo. Atravesso. Esses são meus ensinamentos finais".

Caminhos

Quando iniciei meu interesse pelo Zen-budismo, eu desconhecia o Budismo e o Zen. Havia lido um livro sobre ondas mentais *alpha*, escrito por uma jornalista norte-americana. Ela entrevistou muitas pessoas e, entre elas, um monge zen.

Durante a entrevista ela perguntou sobre o uso de eletrodos em clínicas psicológicas para induzir o estado *alpha*, que seria o estado de meditação profunda. E o monge zen respondeu: "Se a ciência diz que é possível, deve ser. Mas por que entrar pela janela?"

Essa frase foi importante para minha procura. Nessa época, eu tinha 28 anos de idade. Desde os 13 anos questionava a tradição católica apostólica romana de minha família e dos colégios de freira por onde passara. Parecia, a mim, não haver coerência entre o que pregavam e como viviam.

Minha avó materna era filha de Maria e rezava o terço várias vezes ao dia. Ela quisera ser religiosa, mas seus pais a fizeram se casar. Meu avô era professor e diretor de escolas.

Meu avô paterno havia sido seminarista em Portugal, mas acabou se casando com minha avó, irmã de um religioso, e se mudaram para o Brasil, com seus três primeiros filhos. Meu pai foi o quinto e penúltimo filho do casal. Meu avô era professor de Latim, Francês e Português. Era amado e respeitado em todos os lugares, e quando passava na rua diziam: "O Professor". Naquela época era uma profissão respeitada.

Meus pais se encontraram na Escola Normal – escola de formação de professores. Vários tios e primos também eram professores – alguns religiosos, outros laicos.

A questão que não calava: o que é Deus, quem é Deus?

Minha mãe, que eu admirava e amava, acreditava em Deus. Meu pai se dizia ateu.

Deus não deveria ser aquela imagem de homem forte pintada por Michelangelo na Capela Sistina, apontando um dedo que tocava o dedo de Adão.

Essa imagem e a linguagem das orações ensinadas na infância não faziam mais sentido.

Fui jornalista profissional e vi horrores, desgraças, fome, miséria, abusos, crimes. Todos cometidos por seres humanos semelhantes aos seres do bem.

Comecei a ler filosofia oriental, Nietzsche e outros. Li um livro pequeno de Trotsky sobre a revolução internacional, mas entendi de outra forma: Se o ser humano não se modificar internamente não haverá sistema político, econômico ou social que levará a humanidade a uma vida mais digna e feliz.

As capas das revistas da época da Guerra do Vietnã tinham as fotos dos monges que se queimavam em praça pública para que a guerra terminasse. Que capacidade de controle, pensei.

Aqui e ali surgiram informações sobre o Budismo. Carl Gustav Jung era um deles. Albert Einstein era outro. Eu queria entender a mente humana. Eu queria encontrar Deus. Tomei LSD e o encontrei como pura energia luminosa. Já não era uma questão de crer ou não crer, mas de um encontro.

Anos se passaram e li o livro sobre as ondas *alpha*. Meditava por minha conta, por meio da leitura e de lições de meditação que chegavam pelo correio da Self Realization Fellowship.

Até que fui ao Zen Center de Los Angeles e fiquei. Ali e aqui era e é o meu lugar. No silêncio das salas de *zazen* reencontrei a mim mesma e minha procura cessou. Sem necessidade de drogas, sem necessidade de discursos intelectuais.

Apenas se sentar, respirar conscientemente e me inspirar nos ensinamentos de Mestre Eihei Dogen Zenji, fundador do Zen-budismo no Japão, no século XIII.

Reconhecido como um grande filósofo, pensador, estudioso do Budismo, místico realista, Mestre Dogen me ensinou a sair da mente limitada, individual e adentrar o sagrado misterioso, o inefável.

Por seus ensinamentos e pela prática do *zazen*, eu me tornei monja, em Los Angeles, e pude passar 12 anos no Japão – 8 no mosteiro feminino de Nagoya e outros 4 servindo em diferentes templos e comunidades locais japonesas.

Voltei ao Brasil e fiquei durante 6 anos no templo-sede para a América do Sul. Há 20 anos iniciei um centro de práticas que se tornou um templo oficial da Ordem Soto Shu, em São Paulo, Brasil.

No Zen Center de Los Angeles pude encontrar um Padre do Deserto, que havia recebido uma permissão especial para passar um mês conosco. Antes de ir embora, pedimos que ele nos contasse de sua vida e sua prática. Foi importante ouvi-lo: "Quando oramos é para bendizer. Não há nada a pedir. Deus é onipotente, onipresente e onisciente – como poderia eu dizer a Ele o que deve fazer, o que falta, o que necessito? Se assim fizesse, não o conheceria".

Isso fez sentido para mim.

Mais tarde vi um filme belíssimo, de mais de três horas, chamado *O grande silêncio*, filmado em La Chartreuse. Padres e Irmãos do Deserto, vivendo em celas e em silêncio.

"Se um noviço disser a seu orientador que viu Jesus ou conversou com Maria, terá de se mudar para outra ordem." Assim nos explicou o Padre do Deserto em Los Angeles. Viver só, em uma cela, não é para sonhadores.

E, em outro momento, ele nos revelou sobre um noviço que, certa ocasião, deitou-se de bruços no centro da nave da igreja e, soluçando, gritou aos monges reunidos: "Vocês tiraram Deus de mim".

"Sim, havíamos tirado a ideia de Deus que ele carregava. O encontro não é com a fantasia, mas com o real."

Esses ensinamentos confirmaram as minhas experiências místicas no estudo e na prática do Zen.

Ordenada monja, fui ao mosteiro feminino de Nagoya onde fiquei por 8 anos. Depois servi em vários templos e alguns mosteiros por mais 4 anos. Voltei ao Brasil e continuo minha jornada.

Se o Zen foi moda no passado, para mim é minha vida. Qualquer comentário que seja desagradável sobre o Zen-budismo me fere profundamente.

Assim, espero que este encontro entre o pensamento zen-budista que herdei e mantenho não seja considerado inferior, igual ou superior aos ensinamentos cristãos seguidos por Anselm Grün.

O diálogo inter-religioso só é possível quando nos respeitamos mutuamente e reconhecemos que sempre há o que aprender uns com os outros.

Há vários caminhos que levam ao cume da montanha.

Há pessoas que, sem nunca chegar ao cume, experimentam um caminho, depois outra trilha, e mais outra. Sempre recomendo a essas pessoas que – ao invés de dizer que são ecléticas, inter-religiosas, ecumênicas, que todos os caminhos são sagrados e que creem em todos – escolham uma das sendas e subam até seu ponto mais alto. De lá serão capazes de ver todas as possibilidades e reconfirmar seus votos.

Os caminhos não são iguais.

Há linguagens diferentes, momentos históricos e culturas específicas. Nosso coração sabe, quando encontra, que a procura é sem fim.

Mãos em prece.

Referências

AOYAMA ROSHI, S. *A coisa mais preciosa da vida*. São Paulo: Palas Athena/Zendo Brasil, 2013 [Trad. Luiz Kobayashi].

_____. *Para uma pessoa bonita* – Contos de uma mestra zen. São Paulo: Palas Athena/Zendo Brasil, 2002 [Trad. Tomoko Ueno].

BASTO DE ALBUQUERQUE, E. *O Mestre Zen Dôguen*. São Paulo: Arte & Ciência/Unip, 1997.

BODHI, B. (ed.). *Nas palavras de Buda* – Uma antologia de discursos do Cânone Pali. Petrópolis: Vozes, 2020 [Trad. Clodomir B. de Andrade].

Dharma Teachings of the Nun's Community at Amaravati & Cittaviveka Buddhist Monasteries – Freeing the Heart – Hempstead: Amaravati, 2000.

DUMOULIN, H. *Zen enlightenment origins and meaning*. Nova York/Tóquio: Weatherhill, 1979.

EIHEI DOGEN (1200-1253). *Shobogenzo*. 4 vols. Londres/Tóquio: Windbell, 1996 [Trad. G.W. Nishijima e C. Cross].

HERRIGEL, E. *O caminho zen*. São Paulo: Pensamento, 2010 [Trad. Y.S. de Toledo e Z.H.S. Silva].

KEIZAN JOKIN (1264-1325). *Denkoroku*. Los Angeles: Center, 1991 [Trad. Francis H. Cook].

ROCHA, C. *O Zen no Brasil* – Em busca da Modernidade cosmopolita. Campinas: Pontes, 2016.

SUZUKI, S. *Mente Zen, mente de principiante*. São Paulo: Palas Athena, 1994 [Trad. Odete Lara].

TANAHASHI, K. (org.). *Escritos de Mestre Dogen* – A lua numa gota de orvalho. São Paulo: Siciliano, 1993 [Trad. Sônia Regis].

THICH NHAT HANH. *Velho caminho, nuvens brancas* – Seguindo as pegadas de Buda. Porto Alegre: Bodigaya, 2007 [Trad. Enio Burgos].

_____. *A essência dos ensinamentos de Buda, como transformar o sofrimento em paz, alegria e liberação*. Rio de Janeiro: Rocco, 2001 [Trad. Anna Lobo].

_____. *Para viver em paz*. Petrópolis: Vozes, 1976.

YOKOI, Y. & DAIZEN, V. *Zen Master Dogen (1200-1253)* – An Introduction with Selected Writings. Nova York/Tóquio: Weatherhill, 1976.

A EXISTÊNCIA COMO ABERTURA PARA DEUS*

Anselm Grün

---
* Tradução de Markus A. Hediger.

Introdução

A pergunta pela essência do ser humano é antiga. Já o salmista pergunta 3.000 anos atrás: "O que é o homem, para que te lembres dele, e o ser humano, para que dele te ocupes?" (Sl 8,5). Diante do espaço sideral infinito e diante da beleza do universo, o salmista pergunta pela posição do ser humano. O que é o ser humano diante da grandeza incompreensível do universo? O que é o ser humano diante do criador deste mundo?

A Bíblia reflete repetidas vezes sobre a essência da existência humana. De um lado, o ser humano se admira: "Tu o fizeste um pouco inferior a um ser divino, tu o coroaste de glória e honra" (Sl 8,6). De outro, ele vivencia a ameaça. A qualquer momento, pode ser surpreendido por uma doença ou pela morte: "Eis que fizeste meus dias da largura de palmos, e a duração de minha vida é quase nada diante de ti. Todo ser humano é apenas um sopro" (Sl 39,6). Um outro Salmo articula uma pergunta semelhante: "Senhor, que é o homem, para dele tomares conhecimento, o ser humano, para pensares nele? O ser humano é semelhante a um sopro; seus dias, como a sombra que passa" (Sl 144,3-4).

As pessoas fazem esse tipo de experiência também hoje diante da crise que nos confronta com nossa própria efemeridade e mortalidade. Essas experiências não dizem respeito a uma essência abstrata do ser humano, mas à sua existência concreta: como o ser humano pode compreender a si mesmo, sua vida, seu destino e sua existência? Justamente em meio às crises nas quais nos encontramos hoje, é importante fazermos a pergunta sobre a nossa existência: como podemos viver bem diante da nossa situação política, social e econômica? Quando perguntamos pela existência, perguntamos sempre também pela autocompreensão do ser humano. Como nós nos entendemos como seres humanos que existem hoje, que realizam a sua existência num mundo inseguro?

Especialmente em tempos de crise, as pessoas costumam refletir sobre as perguntas: o que é o ser humano, qual é o segredo de sua existência? No século III a.C., quando a tradição judaica passou por uma crise profunda ao ser confrontada com a cultura grega, Eclesiastes, um mestre de sabedoria, que tentou conectar as sabedorias judaica e grega, perguntou repetidas vezes pelo segredo do ser humano. Ele analisa a existência humana e se vê obrigado a constatar: "Tudo é efêmero". Bens, sucesso, felicidade e até mesmo a educação são vento. Pois tudo passa.

Eclesiastes contempla a sociedade que já perdeu as estruturas judaicas, que agora se tornou cosmopolita e é dominada pelo capital. Era uma situação bem parecida com a nossa hoje. Eclesiastes questiona muitas coisas: justiça já não existe mais, as estruturas são injustas. Todo trabalho parece ser em vão. "Todos trabalham para comer, mas nunca estão satisfeitos" (Ecl 6,7). O conselho que o Eclesiastes dá às pessoas nessa situação parece ser bem sóbrio e pouco piedoso: "Jovem, regozija-te na mocidade e sê feliz nos dias da juventude! Segue os impulsos do coração e os atrativos dos olhos. [...] Lembra-te do teu criador nos dias da juventude, antes que cheguem os dias nefastos e se aproximem os anos dos quais dirás: 'Não gosto deles!'" (Ecl 11,9; 12,1).

A despeito de sua sobriedade, os três conselhos podem nos ajudar também no dia de hoje a lidar com a crise. Enquanto formos jovens e saudáveis, devemos aproveitar a vida. Devemos aproveitar este momento e não permitir que as notícias negativas e assustadoras nos paralisem. Não devemos fechar os olhos para a realidade. Eclesiastes observa a realidade de forma muito clara e objetiva. Mas devemos dar uma resposta ativa a essa realidade e não nos ver como vítimas da situação.

O segundo conselho que Eclesiastes nos dá: devemos seguir nosso coração. Não devemos dar ouvidos à gritaria das pessoas, mas à voz do coração, no qual Deus se dirige a nós. E devemos sempre pensar no Criador. Somos criaturas e, na morte, voltaremos para as mãos do Criador. A reflexão sobre a nossa existência, que é limitada pela morte, nos convida a viver de forma atenta e consciente. Mesmo que a nossa existência seja limitada pela morte, devemos saber que a morte não a destrói, ela é acolhida e aperfeiçoada em Deus.

O exegeta Norbert Lohfink acredita que o Livro do Eclesiastes apresenta um parentesco com a filosofia existencial moderna. A filosofia existencial também surgiu numa época de crise, em que as antigas estruturas europeias se dissolviam, em que a individualização e a solidão do indivíduo aumentavam numa sociedade cada vez mais internacional, cada vez mais globalizada. Por isso, esse livro crítico pode nos ensinar a viver uma vida boa a despeito de todas as crises à nossa volta.

O Livro do Eclesiastes combina a sabedoria judaica com a filosofia grega. Essa mistura de conhecimento religioso e filosófico impregna também a tradição cristã. Na tradição cristã, a doutrina da essência do ser humano sempre foi desenvolvida no diálogo com a filosofia grega. A máxima central da filosofia grega era: "Conheça a si mesmo!" A tarefa do ser humano é conhecer a si mesmo: Quem sou eu? O que é o ser humano? Os Padres da Igreja gregos tentaram interpretar as afirmações do Antigo Testamento, mas também as palavras de Jesus e os escritos do Novo Testamento em diálogo com a filosofia grega. Sem esse vínculo entre mensagem cristã e filosofia grega, a fé cristã jamais teria conquistado a Antiguidade.

A conexão com a filosofia grega já começa no Novo Testamento. Para o Evangelista São Mateus, Jesus é o mestre da sabedoria que une em sua pessoa a sabedoria do Oriente e do Ocidente, do Sul e do Norte. O Evangelista Lucas é grego e conhece a filosofia e a literatura gregas. Ele descreve Jesus de uma forma que desperte o interesse dos leitores gregos. Também o Apóstolo Paulo não conhecia apenas a teologia judaica, ele conhecia também a filosofia grega. Em suas exortações, Paulo recorre com frequência à filosofia estoica, como, por exemplo, quando ele escreve aos Filipenses: "Tudo que é verdadeiro, tudo que é nobre, tudo que é justo, tudo que há de puro, tudo que há de amável, tudo que há de louvável, tudo que seja virtude ou digno de louvor, eis o que deve ocupar vossos pensamentos" (Fl 4,8). Entre os Padres da Igreja, Clemente de Alexandria († 215) foi um dos primeiros a exigir o diálogo da fé cristã com a filosofia grega. Ele entende a filosofia grega como precursora da mensagem de Jesus e vê Jesus como aquele que leva a sabedoria da filosofia grega à perfeição. Ele compara os cristãos que rejeitam o diálogo da filosofia com pessoas que querem colher as uvas antes mesmo de cuidar da videira.

E ainda hoje só podemos aproximar o ser humano moderno da fé cristã se a articularmos em diálogo com a filosofia e a psicologia. Na sociedade de hoje, a psicologia assumiu a função que, durante séculos, foi da filosofia. Portanto, só podemos refletir sobre a reconquista da existência se, ouvindo a mensagem da Bíblia e ouvindo a filosofia e a psicologia, conseguirmos descrever o mistério da existência humana de tal modo que as nossas palavras correspondam à mensagem de Jesus e, ao mesmo tempo, sejam compreensíveis às pessoas de hoje. A mensagem de Jesus não valia apenas para as pessoas que viviam na Palestina há 2.000 anos. É uma mensagem que sempre se aplica, que pretende tocar e transformar as pessoas em cada era. Jesus interage com as pessoas com a sabedoria que sua cultura e biografia lhe transmitiu. Mas sua mensagem deseja introduzir o ser humano no mistério de sua existência, que sempre está imersa no amor de Deus. Seu objetivo não é mudar o ser humano.

O objetivo da mensagem cristã é transformar o ser humano. Mudança contém um elemento agressivo: preciso tornar-me uma pessoa diferente. Tudo deve ser mudado completamente. A experiência me mostra: aquilo que eu rejeito em mim mesmo permanece em mim. A transformação honra aquilo que se formou no ser humano. Mas a mensagem cristã diz: ainda não somos aqueles que poderíamos ser segundo nossa essência. Aquela imagem singular que Deus tem de cada um de nós ainda não resplandece com a clareza necessária.

O objetivo da transformação é alcançar cada vez mais a imagem primordial e inadulterada que Deus projetou sobre a nossa existência. Nesse sentido, não se trata de uma pessoa diferente, mas de uma pessoa nova, de uma pessoa que é transformada e renovada pelo espírito de Jesus. É nisso que consiste a mensagem de São Paulo: somos sepultados com Cristo para vivermos como pessoas novas (cf. Rm 6,4). Aquilo que nos impede de viver é sepultado, para que uma pessoa nova possa ressurgir do túmulo. Ainda hoje, somos chamados para enterrar algumas ideias antigas que temos de nós mesmos e da vida na sociedade, não por termos resignado, mas na esperança de que possa ressurgir uma pessoa nova, que é capaz de renovar os relacionamentos com os outros e a vida na sociedade.

A redescoberta da existência

Na história da filosofia, o conceito da existência adquiriu diversos significados. Originalmente, existência – que provém do latim *ex-sistere* – significa sair de algo. É o sair da multidão anônima do ser humano individual. Na filosofia antiga, "existência" adquiriu o significado do "ser real e verdadeiro". Durante muito tempo, a filosofia se interessava mais pelo ser e pela essência (*essentia*) do ser humano do que pela sua existência (*existentia*). Isso vale tanto para a filosofia grega quanto para o teólogo e filósofo medieval Tomás de Aquino.

Isso mudou com Søren Kierkegaard, considerado o fundador da filosofia existencial, que adquiriu novas formas em Sartre, Camus, Jaspers e Heidegger. Kierkegaard afirmava que, de tanto pensar, a filosofia clássica tinha se esquecido do pensador. Kierkegaard se interessava principalmente pela existência religiosa: como eu me torno cristão?

A filosofia existencial mais secular transforma essa pergunta em: como eu me torno um ser humano? Segundo Sartre, o ser humano deve aproveitar sua liberdade para inventar e projetar a si mesmo. Para o filósofo alemão Karl Jaspers, a existência é "o modo como eu me comporto em relação a mim mesmo e à transcendência" (GUGGENBERGER, 1991, p. 374). Jaspers fala de situações de limite como sofrimento, culpa e morte, nas quais o ser humano é remetido para além de si mesmo.

A redescoberta da existência significaria hoje para Jaspers que, diante das situações de limite atuais em que a pandemia nos lançou, nós devemos encontrar o nosso próprio caminho para transcender o existente e nos relacionar com algo que é maior do que nós mesmos. Para Martin Heidegger, a existência deve se referir ao ser. É por isso que Heidegger usa o termo "ex-sistência", a abertura para o ser. Ser significa aquilo que permeia tudo que é, a essência de todo ente. Heidegger não fala de Deus, mas do ser. Mas seu conceito do ser está aberto para Deus. Pois Deus é o ser verdadeiro. A filosofia tomista entendeu que Deus, como ser verdadeiro, preserva todo ente no ser. Portanto, existência é, no fundo, abertura para Deus.

Principalmente na crise da pandemia, vale entender de forma nova a natureza da existência. Deveríamos manter em mente estes dois significados: (1) existência como abertura para o ser, para aquilo que é maior do que nós mesmos; (2) existência como ser-aí do indivíduo, como ser da pessoa, como imagem do ser verdadeiro, como núcleo do ser humano. Este segundo significado de existência trata da vida concreta no aqui e no agora. Como podemos existir no mundo de hoje de uma forma que nos permita levar uma vida significativa e boa?

Heidegger e Jaspers não falam de Deus, somente do ser. Mas o filósofo existencial cristão Gabriel Marcel sempre contempla também a relação do indivíduo com Deus. Após a catástrofe da Segunda Guerra Mundial, em 1952, ele escreveu: "Houve tempos em que as pessoas podiam se sentar aos pés de um filósofo para ouvir seus ensinamentos. Elas podiam ver sua existência como segura, não em termos de acidentes, aos quais cada existência individual é exposta, mas em termos de grandes rupturas na história [...]. Nós, porém, nos encontramos na situação oposta. Não podemos fechar os olhos diante do fato de que, muito provavelmente, calamidades ainda mais terríveis nos aguardam" (apud MÜLLER-LAUTER, 1982, p. 716).

Na nossa situação atual, podemos repetir essas palavras de Gabriel Marcel. Não podemos refletir sobre o mistério da existência humana com a tranquilidade da Antiguidade. A pergunta é como, em meio à nossa existência ameaçada e a despeito de todos os perigos, podemos viver com esperança.

A filosofia existencial não pretende definir a natureza do ser humano. Ela se interessa pelos aspectos concretos, pela minha existência concreta. Como posso entender e viver minha existência diante da crise e viver de uma forma que não seja determinada pelas condições externas? A ênfase na existência individual corresponde à imagem cristã da pessoa. Enquanto os gregos refletiam mais sobre a natureza geral do ser humano, na Bíblia, Jesus deu uma ênfase maior ao ser humano individual. O indivíduo deve ouvir sua voz interior. Ele não deve esperar até que todos concordem com ele. Jesus o desafia: "Deixa que os mortos enterrem os seus mortos" (Lc 9,60).

Não devemos nos orientar pelas expectativas de outros, mas seguir a voz interior. Seguir Jesus significa seguir os impulsos interiores do coração. Pois é por meio deles que Deus fala conosco. Assim, a redescoberta cristã da existência gira em torno da descoberta da pessoa singular e extraordinária que cada ser humano representa em sua existência. Essa pessoa singular, que o Cristianismo e a filosofia cristã tanto ressaltam, se expressa no si-mesmo singular, inadulterado e verdadeiro.

A filosofia existencial destaca o indivíduo. Søren Kierkegaard escreveu as duras palavras de que "onde há multidão, há também a inverdade" (apud MÜLLER-LAUTER, 1982, p. 721). A verdade precisa ser defendida pelo indivíduo. Mas, em sua existência, o indivíduo sempre se remete a outras pessoas. Martin Heidegger fala do ser-aí humano como um "ser-com". O existir em si – afirma Heidegger – precisa ser conquistado a partir da dependência dos outros. Heidegger fala do modo do impessoal do qual o indivíduo precisa se libertar a fim de viver sua própria vida.

Jaspers ressalta que jamais podemos realizar a existência no isolamento, mas apenas na relação com a existência do outro. Esse aspecto do "ser-com" e da relação com o outro foi ressaltado por Gabriel Marcel em sua filosofia existencial cristã ao falar de intersubjetividade. Entre o eu e o tu amado surge um laço indestrutível. Para Marcel, o "ser-com" está sempre ligado à esperança para o outro. Eu nunca espero só para mim mesmo, mas sempre também para o outro e em relação ao outro. O amor ao próximo, tão essencial para a existência cristã, adquire, em Gabriel Marcel, um novo significado por meio da fé na ressurreição. Ressurreição significa que, na morte, não podemos cair do amor ao outro.

Para Gabriel Marcel, é mais difícil aceitar a morte de um ente querido do que o fim próprio. Por isso, ao refletir sobre o amor, ele sempre inclui também a morte e a ressurreição. Ele diz: "Amar uma pessoa significa dizer: você não morrerá" (apud MÜLLER-LAUTER, 1982, p. 725). Esse pensamento nos ajuda a lidar com a morte de um ente querido sem reprimi-la. O objetivo do luto diante da morte de uma pessoa amada é encontrar um novo relacionamento com o falecido, sentir também depois da morte que o amor ao outro não morre, mas que o amor é mais forte do que a morte.

Essas reflexões da filosofia existencial cristã pretendem inserir a mensagem cristã da ressurreição dentre os mortos no horizonte da nossa própria vivência. A nossa vida sempre nos confronta com a nossa própria morte e com a morte de pessoas amadas. Nesta pandemia, a morte se aproximou mais uma vez de nós. Martin Heidegger descreveu a existência do ser humano como "ser para a morte", como "antecipação da morte". A mensagem cristã confirma essa percepção, mas ela nos enche de esperança. Na morte, não cairemos para fora do amor de Deus. E o amor pela pessoa amada é mais forte do que a morte. Ele sobrevive à morte.

Ritual

Sente-se num lugar tranquilo e sinta o mistério de sua própria existência. Pergunte a si mesmo: Por que eu existo? Por que eu não existo? Você não poderá responder a essas perguntas, mas essas perguntas o levarão até o mistério de sua existência. Sua existência não é algo autoevidente, o fato de você ser e não ser.

Sinta essa existência e imagine que ela, que se iniciou com o seu nascimento, é encerrada pela morte em seu modo atual de ser. Mas a morte não dissolverá sua existência, ela a transformará. Sinta o mistério de que sua existência possui algo eterno, algo que sobrevive e que supera a morte. Não se trata de uma projeção infantil de seu apego à sua pessoa. Essa ideia contém uma noção do mistério da existência. Você existe – poderíamos dizer: mais ou menos por acaso – mas você sempre existirá, mesmo que transformado. O ser que transparece em sua existência não pode ser destruído pela morte.

Você pode formular esses pensamentos mais filosóficos também de forma religiosa: imagine que sua existência é carregada pelo amor de Deus. E também na morte, você não cairá desse amor. Na morte, você verá e reconhecerá esse amor e seu verdadeiro eu em sua forma original.

O ensino do si-mesmo verdadeiro

Depois de sua ressurreição, Jesus diz aos seus discípulos: "Eu sou eu mesmo" (Lc 24,39). Em grego, o texto diz: *"Ego eimi autos"*. Lucas era grego e conhecia muito bem a filosofia grega. Por isso, só conseguimos compreender essa palavra de Jesus se contemplarmos também as declarações da filosofia estoica sobre o "si-mesmo" (*autos*). *"Autos"* significa na filosofia estoica – principalmente na filosofia desenvolvida por Epíteto –, a região sagrada do eu. A tarefa do ser humano consiste, por meio do desafio do "conheça a si mesmo", em descobrir seu ser verdadeiro, seu *autos*. A ascese, o exercício espiritual do filósofo estoico, consiste em impedir que as coisas externas, como bens, sucesso, reconhecimento, dores e experiências de perda, invadam a região sagrada do *autos*.

A tarefa do filósofo estoico consiste em transformar o *autos* em uma fortaleza inacessível e inconquistável, na qual residem a liberdade, a paz interior, a ataraxia (a inabalabilidade) e a *apatheia* (liberdade de paixões, harmonia interior da alma), onde o homem pode encontrar a felicidade. Quando o ser humano entra em contato com seu si-mesmo verdadeiro, ele se liberta dos papéis que costumava desempenhar na frente de outras pessoas. Ele retira suas máscaras que costumam distorcer sua natureza verdadeira. Torna-se totalmente ele mesmo.

O ser humano que reconheceu seu si-mesmo verdadeiro se liberta do domínio das coisas externas. A filosofia estoica expressa isso da seguinte maneira: o ser humano se torna autárquico, isto é, ele governa sobre si mesmo e não é mais governado por outros. Epíteto distingue entre as coisas que estão ao meu alcance e as coisas que estão fora do meu alcance. Aquilo que está fora do meu alcance não pode afetar o si-mesmo verdadeiro. Por isso, não deveríamos dar-lhe nenhum poder. A autarquia em relação às coisas é conquistada pelo ser humano que está acima das coisas, que não permite que as coisas o dominem. Os Padres da Igreja transformaram esse conceito da autarquia. Eles não falam da autarquia que o ser humano pode conquistar por força própria. No fim das contas, somente é autárquico aquele que se liga totalmente a Deus.

Aquele que se rende à vontade de Deus experimenta a autarquia verdadeira, a liberdade verdadeira das coisas deste mundo. Para Clemente de Alexandria, o primeiro a vincular a filosofia estoica à mensagem cristã, o gnóstico é aquele que realmente possui liberdade interior. Ele é dono de si mesmo, ele não é governado pelas coisas. Deus o preenche tanto que o mundo não tem poder sobre ele.

Jesus diz como o cristão pode alcançar essa liberdade interior: "Se alguém quiser vir após mim, renuncie a si mesmo, tome a sua cruz cada dia e me siga" (Lc 9,23). A psicologia de C.G. Jung nos ajuda a entender essas palavras com a distinção entre o ego e o si-mesmo. O ego é o núcleo consciente da pessoa. O ego sempre quer impressionar os outros. Ele quer ter e possuir as coisas. O si-mesmo, por sua vez, é o núcleo interior do ser humano. O si-mesmo conecta o consciente com o inconsciente e estabelece uma ligação da pessoa com a imagem de Deus. O discípulo de Jesus deve renunciar ao ego, não ao si-mesmo. A palavra grega para "renunciar" é *aparneisthai* e significa: distanciar-se, dizer não a algo, afastar-se dos próprios interesses, da imagem que fazemos de nós mesmos.

Não se trata de matar o ego, pois precisamos dele. Mas vale tirar o poder do ego para podermos entrar em contato com o nosso verdadeiro si-mesmo. Enquanto tentarmos representar ou provar algo, seremos dominados pelo ego. Quando nos tornamos totalmente nós mesmos, estamos internamente livres. Encontramos uma paz interior.

Segundo C.G. Jung, o ser humano só consegue desdobrar o seu si-mesmo verdadeiro quando vivencia o divino em si mesmo. Por isso, Jung expressa o resultado do tornar-se si-mesmo com as palavras de São Paulo: "Já não sou eu que vivo, é Cristo que vive em mim" (Gl 2,20). Para Jung, Cristo não é apenas o rabino judeu que viveu há 2.000 anos. Ele se tornou também uma imagem arquetípica do si-mesmo.

Quando Cristo vive em mim, eu sou totalmente eu mesmo. Então não sou mais dominado pelo ego. A pessoa egoísta só gira em torno de si mesma e suas necessidades. Ela exerce uma influência inapropriada sobre os outros. Dela partem dureza e limitação. Aquele que está em contato com o si-mesmo emana algo agradável: vastidão e liberdade, bondade e amor. Você percebe quando uma pessoa fala ou age a partir de seu ego. Sem querer, você se afasta dela. Uma pessoa que vive a partir de seu ego não estabelece relações com as pessoas. Ela gira em torno de si. Isso faz com que os outros se afastem dela. O ego separa, o si-mesmo me conecta com os outros.

Libertar-se do domínio do ego é o primeiro passo no caminho para se tornar um seguidor verdadeiro de Jesus. O segundo passo consiste em tomar sobre si a cruz todos os dias. Para C.G. Jung, a cruz é um símbolo para a união de todos os opostos. É somente quando o ser humano aceita todos os opostos dentro de si que ele pode alcançar seu verdadeiro si-mesmo. Jung fala da polaridade do ser humano. Cada ser humano possui dentro de si dois polos: amor e agressão, razão e sentimento, confiança e medo, fé e dúvida. Mas é só quando ele aceita os dois polos – ou, como diz a palavra de Jesus em Jo 12,32 –, só quando abraça os opostos dentro de si que ele encontra seu verdadeiro si-mesmo.

Quando alguém reprime o polo oposto dentro de si, entra na sombra e passa a ter um efeito destrutivo sobre o ser humano. A sombra impede a pessoa de encontrar seu si-mesmo verdadeiro. Pois ela obscurece seu si-mesmo e torna impossível avançar até o seu núcleo verdadeiro.

O ser humano sempre tem dentro de si amor e agressão, confiança e medo, fé e dúvida. Quando ele reprime a agressão e acredita estar preenchido de amor, ele nem percebe a agressividade com que trata os outros. Eu vivencio isso em líderes religiosos que acreditam amar seus funcionários. Na verdade, porém, eles tratam seus funcionários de modo autoritário. Constantemente, menosprezam os outros. Ou então a agressão reprimida se expressa numa agressão passiva. Externamente, essas pessoas são amigáveis. Mas quando temos uma conversa mais demorada com elas, nós mesmos ficamos agressivos. Muitas vezes, nem percebemos por que ficamos agressivos. Muitas vezes, é a agressão passiva do outro que nos torna agressivos. Às vezes, a agressão passiva se expressa também numa linguagem exageradamente mansa e amorosa ou patética. E também a isso nós costumamos reagir inconscientemente com agressão.

Algo semelhante acontece com confiança e medo. Quando acredito que sou uma pessoa cheia de confiança, eu nem percebo como, inconscientemente, emano desconfiança. Eu projeto sobre o outro aquilo que eu não quero ver. Projeto sobre o outro as ações que não quero admitir dentro de mim mesmo. Acredito, por exemplo, que o outro só quer realizar seus próprios interesses, que ele não se interessa pela empresa.

Tais projeções mostram que, muitas vezes, tendemos a cuidar apenas de nós mesmos. Mas não admitimos isso e, ao contrário, projetamos isso sobre o outro. Nesse caso, emanamos uma desconfiança, mesmo que digamos o tempo todo que queremos criar uma atmosfera de confiança na empresa. Aquele que emana desconfiança desconfia de sua própria alma. Cheio de desconfiança, ele vê a si mesmo e tudo aquilo que se encontra reprimido na profundeza de sua alma.

Cada um de nós conhece fé e dúvida. Quando abraçamos a dúvida, ela fertiliza nossa fé, pois nos obriga a nos perguntar sempre de novo: Quem é Deus realmente? Como posso entender Deus? O que significa redenção por meio de Jesus Cristo? O que significa vida eterna?

A dúvida me desafia sempre a formular minha fé de forma nova, de modo que eu possa compreendê-la e aceitá-la. Mas, quando rejeito a dúvida, eu me torno fundamentalista. Eu passo a julgar os outros com dureza porque sua fé é diferente. Eu me coloco acima dos outros. Às vezes, combato os outros e os mato em casos extremos porque eles questionam a minha fé. Uma pessoa que é firme na fé não se deixa abalar pela dúvida, mas confronta a dúvida para que possa crer de uma forma que também satisfaça a sua razão.

Quando uma pessoa encontra seu verdadeiro si-mesmo, ela se reconcilia com seus opostos internos. Aquilo que Jung descreve em termos psicológicos como realização do si-mesmo, ele o expressa também na linguagem religiosa tradicional: "Eles vieram a si mesmos, conseguiram aceitar a si mesmos, foram capazes de se reconciliar consigo mesmos e de se reconciliar também com circunstâncias e eventos adversos" (JUNG, 1947, p. 147).

Chamamos de autêntica uma pessoa que é totalmente "si mesma". Outros a veem como genuína e confiável. Ela se apresenta do jeito que é. Uma pessoa autêntica não precisa insistir em sua autenticidade. Hans Jellouschek, um terapeuta de casais, afirma que, em alguns casamentos, existe uma tirania da obrigação de ser autêntico. Ele está se referindo a cônjuges que são incapazes de perceber as necessidades do outro. Por exemplo: os dois planejaram fazer uma excursão. Mas, de repente, um dos cônjuges diz: "Não posso ir com você. É impossível. Minha intuição me diz que isso não seria bom para mim. Preciso ser autêntico e seguir meu sentimento".

Uma pessoa verdadeiramente autêntica, uma pessoa que se libertou do domínio do ego, que vive seu si-mesmo verdadeiro, está livre também para se envolver com o outro. Ela não tem medo de se perder no outro. É totalmente ela mesmo. Mas ela não se identifica com seus desejos e sentimentos. Uma pessoa centrada está livre de si mesma. Ela pode se envolver com o outro sem se distorcer e sem medo de deixar de ser autêntico e verdadeiro. Aquele que dá importância absoluta ao sentimento é dominado por ele. Devemos levar a sério e ouvir o nosso sentimento. Mas parte da autenticidade é a capacidade de se distanciar do sentimento. Eu o percebo, mas renuncio a ele temporariamente para poder me sintonizar com o outro.

A teologia cristã expressa com outras palavras aquilo que a filosofia grega diz sobre o si-mesmo verdadeiro do ser humano. Tomás de Aquino acredita que Deus tem uma imagem singular de cada ser humano. E a tarefa do ser humano consiste em concretizar dentro de si mesmo essa imagem singular de Deus.

Não podemos descrever essa imagem que Deus tem de cada um de nós. Os judeus tinham uma lei que proibia imagens. Essa proibição vale também para a imagem de Deus no ser humano. Só podemos ter uma noção vaga dessa imagem. Quando nos aquietamos e, no silêncio, temos a sensação de estarmos em sintonia com o nosso si-mesmo verdadeiro, que tudo em nós está em harmonia, então podemos confiar que estamos em contato com a imagem de Deus dentro de nós.

Mas essa imagem de Deus dentro de nós sempre é obscurecida por nossos padrões de vida neuróticos, por nossos medos e preocupações, por nossos erros e fraquezas. A tarefa da nossa vida consiste em fazer brilhar com uma clareza maior a imagem singular de Deus dentro de nós. Não devemos copiar outras pessoas, mas sempre tornar-nos aquela pessoa singular que Deus criou. Mas é só na morte que essa imagem singular e inalterada de Deus resplandecerá em sua clareza e originalidade. É somente na morte que seremos totalmente nós mesmos.

A teologia cristã oferece ainda outra imagem para o si-mesmo do ser humano. Romano Guardini (1885-1968), um teólogo católico, afirmava que, em cada pessoa, Deus fala uma palavra, uma senha, que só vale para essa pessoa. E a tarefa do ser humano é fazer com que essa palavra singular de Deus se torne audível na existência dessa pessoa. A essa palavra, que Deus expressa em cada ser humano, se aplica aquilo que São João diz sobre a Palavra de Deus, que, em Jesus Cristo, se tornou carne. No prólogo de São João, nós lemos: "Todas as coisas foram feitas por meio dela e sem ela nada se fez do que foi feito. Nela estava a vida, e a vida era a luz dos seres humanos" (Jo 1,3s.). A Palavra que Deus expressa em cada um de nós nos vivifica e ilumina.

Quando estamos em contato com a Palavra singular de Deus dentro de nós, emanamos vivacidade e luz. E também aqui não conseguimos reconhecer a Palavra de Deus em nós com precisão. Mas a imagem segundo a qual cada ser humano é uma palavra singular de Deus nos mostra nossa dignidade. Cada pessoa expressa com a sua existência algo de Deus que só pode ser expresso por aquela pessoa. Podemos imaginar que palavra Deus expressa em nós quando nos perguntamos: "O que eu desejo transmitir às pessoas com a minha existência? Que rastro quero deixar na vida? Que mensagem desejo proclamar com a minha existência?"

Em alguns cursos, dou aos participantes a tarefa de refletir rapidamente e então anotar uma ou duas palavras que eles pretendem transmitir com sua vida. Depois, cada um lê a palavra anotada em voz alta e coloca o bilhete com a palavra no centro do círculo. Os outros participantes, que ouvem essa palavra, não devem julgar, mas imaginar: essa pessoa emana algo dessa palavra. Então as pessoas percebem que cada um realmente expressa algo que só ele pode expressar neste mundo. Um participante diz: "Minha palavra é: coração aberto". Outros dizem: amor, harmonia, construir pontes, vivacidade, compreensão com os outros, alegria. Alguns anotam a mesma palavra. Mas cada um a lê com sua própria voz. Assim todos reconhecem: cada pessoa expressa com sua vida uma palavra de Deus que só pode ressoar neste mundo por meio dela.

Ritual

Repita durante um dia inteiro a palavra de Jesus: "Eu sou eu mesmo". Imagine: ao levantar-se, você diz: "Eu sou eu mesmo". Você repete isso durante o café da manhã, no trabalho, nas conversas com os colegas, nas conversas com amigos, em reuniões e conferências. Se repetir isso muitas vezes, você sentirá: muitas vezes eu só preencho um papel. Todos nós exercemos papéis diferentes, dependendo da situação em que estamos. Falamos de forma diferente no círculo da família, com amigos, na empresa, na Igreja. Nós nos adaptamos às situações, queremos agradar aos outros e falamos como eles esperam de nós. Mas não somos nós mesmos.

Quando somos totalmente nós mesmos, os papéis e as máscaras se desfazem. Nós nos sentimos livres. Não precisamos provar nada a nós mesmos. Simplesmente estamos presentes. Isso nos permite uma liberdade interior. E essa liberdade gera encontros positivos. Pois aceitamos o outro como ele é. Não precisamos mostrar ao outro uma imagem de nós mesmos, ao contrário, somos como somos. E não impomos ao outro uma imagem, mas nos abrimos à sua singularidade, ao seu si-mesmo verdadeiro.

Angelus Silesius expressou essa experiência com as belas palavras:

> A rosa não tem porquê.
> Ela floresce porque floresce.
> Ela não se preocupa consigo mesma,
> Não pergunta se alguém a vê.

No fundo, Angelus Silesius fala de uma experiência mística, da experiência mística de simplesmente ser. Deus – assim dizem os teólogos e filósofos – é o ser puro. Os filósofos falam do *esse* em oposição ao *ens*, do ser e não do ente. Deus não é um ente. Ele é ser puro. Quando simplesmente somos, participamos do ser de Deus.

O caminho para o si-mesmo verdadeiro

Uma imagem que a Bíblia gosta de usar para o si-mesmo verdadeiro é a imagem do tesouro. Não devemos acumular tesouros na terra, mas no céu. Não se trata de adquirir riquezas externas, mas de descobrir a riqueza interior da alma. Jesus diz no Sermão da Montanha: "Não ajunteis riquezas na terra, onde a traça e a ferrugem as corroem, e os ladrões assaltam e roubam. Ajuntai riquezas no céu, onde nem traça nem ferrugem as corroem, onde os ladrões não arrombam nem roubam. Pois onde estiver vosso tesouro, aí também estará o coração" (Mt 6,19-21).

Propriedade externa pode ser destruída. Roupas preciosas são comidas por traças, os baús valiosos, por vermes. E todas as preciosidades que o ser humano acumulou em sua casa podem ser levadas por um ladrão. Mas ninguém pode tirar de nós o tesouro no céu. O tesouro no céu simboliza o si-mesmo verdadeiro, a riqueza interior da alma. Quando estamos em contato com esse tesouro interior, emanamos coisas boas. Nós nos sentimos livres. O brilho que parte de nós é benéfico também para os outros. Mas quando nosso coração se apega a coisas externas, somos separados do nosso coração. O tesouro exterior domina o coração. Ele impede o coração de sentir e amar.

Jesus expressou isso com aquelas palavras radicais: "É mais fácil um camelo passar pelo buraco de uma agulha do que um rico entrar no Reino dos Céus" (Mt 19,24). Isso não significa que pessoas ricas não tenham acesso ao Reino. Mas aquele que se define a partir de sua riqueza é totalmente dominado por ela. Nessa pessoa, Deus não tem como dominar. Nós só somos verdadeiramente livres onde Deus domina em nós. Uma mulher me contou de seu marido que é muito bem-sucedido em termos econômicos. Mas ela não consegue mais ter uma conversa razoável com ele. Agora, ele só conhece dinheiro e poder, sucesso e sexo. Ele se separou de seu coração. Aquele que está em contato com seu tesouro interior consegue também se relacionar com outras pessoas.

Jesus nos conta com duas parábolas curtas como podemos encontrar esse tesouro interior: "O Reino dos Céus é semelhante a um tesouro escondido num campo. Quem o encontra esconde-o de novo e, cheio de alegria, vai vender tudo o que tem e compra o campo. O Reino dos Céus é também semelhante a um comerciante à procura de boas pérolas. Achando uma preciosa, vende tudo o que tem e a compra" (Mt 13,44-46).

O tesouro interior, o si-mesmo verdadeiro, está escondido no campo. Para encontrá-lo, precisamos escavar o campo. Sujamos nossas mãos. É uma imagem linda: para alcançar meu tesouro interior, preciso cavar e passar pelo caos das minhas emoções, pelo caos das minhas necessidades reprimidas, pelos lados sombrios da minha alma. Encontro o tesouro no fundo da minha alma, não ignorando a minha realidade, mas estando disposto a escavar essa realidade.

Os monges desenvolveram o exercício de encontrar e se confrontar com sua própria verdade no silêncio. Essa verdade interior é marcada por pulsões e paixões, por necessidades e desejos. Os monges falam dos demônios que encontramos quando nos expomos à própria realidade no silêncio. Mas se quisermos encontrar o tesouro no fundo da nossa alma, precisamos ter a coragem de escavar a realidade das nossas emoções e paixões reprimidas.

Muitos gostariam de alcançar o tesouro fazendo um grande desvio em torno dessa realidade. Um psicólogo fala do método do *spiritual bypassing*, do atalho espiritual que pretende evitar o caminho penoso de atravessar a sujeira do campo. Mas assim nunca alcançaremos o tesouro. Os monges antigos falam da humildade. A palavra em latim para humildade é *"humilitas"*. Essa palavra provém de *"humus"*, de "terra". Humildade é a coragem de entrar na terra da nossa realidade psíquica e atravessá-la até encontrarmos o tesouro em nosso interior.

Muitos contos de fada falam da caça ao tesouro. Muitas vezes, o tesouro está escondido numa caverna. E na caverna reside um dragão perigoso, que protege o tesouro. Os contos de fada narram que o herói precisa ou matar ou enganar o dragão a fim de conquistar o tesouro. Essas imagens falam do caminho da realização do si-mesmo humano. O caminho até o tesouro não é uma caminhada agradável, mas uma trilha penosa que atravessa a realidade desagradável das nossas necessidades reprimidas, dos nossos lados sombrios, do nosso caos interior.

Mas os contos de fada também descrevem a caça ao tesouro como um caminho excitante. É uma aventura ir à procura do tesouro interior. O conto de fadas das "Três línguas" fala de um pai que envia seu filho a um mestre. Depois de um ano, o filho retorna. Ele aprendeu a língua dos cães que latem. Nos 2 anos seguintes, ele aprende a língua dos sapos e dos pássaros. O pai ordena que o filho seja morto. Mas ele consegue fugir. Durante a fuga, ele encontra um castelo, onde pretende pernoitar. Mas o senhor do castelo só pode lhe oferecer a torre, onde vivem cães selvagens, que já mataram diversas pessoas. Mas o jovem não tem medo, pois ele conhece a língua dos cachorros. Amigavelmente ele conversa com os animais. Estes lhe contam que só são tão selvagens e latem tanto porque vigiam um tesouro. Eles lhe mostram o tesouro e ajudam o jovem a escavar o tesouro. Então, os cães desaparecem.

Para mim, essa é uma bela imagem para o devir do si-mesmo humano: lá, onde os cachorros mais latem, lá, onde eu tenho os maiores problemas, está também o tesouro. O lugar em que tenho os maiores problemas é, também, o lugar em que o tesouro está enterrado dentro de mim. Uma pessoa sofre com sua raiva; outra, com sua inveja, outra, com sua sensibilidade, com seus vícios. O lugar em que mais sofri comigo mesmo é o lugar em que devo cavar mais fundo, atravessar a raiva, a inveja, a sensibilidade, os vícios. Então encontrarei o tesouro dentro de mim, o si-mesmo verdadeiro, que é vigiado por cachorros selvagens ou pelo dragão perigoso.

A segunda parábola diz algo semelhante. As pérolas crescem nas feridas das ostras. Encontraremos a pérola preciosa no fundo da nossa alma só se encararmos nossas feridas, se nos reconciliarmos com nossos ferimentos e os atravessarmos. Henri Nouwen, um padre e psicólogo holandês, disse certa vez: lá onde fomos feridos as máscaras que costumamos usar se desfazem. Elas se desfazem para o nosso si-mesmo verdadeiro. Lá, nós nos abrimos para encontrar a pérola preciosa em nosso interior.

Hildegard de Bingen descreveu essa experiência com as seguintes palavras: a arte de se tornar humano consiste em transformar as feridas em pérolas. As feridas nos impedem de nos esconder atrás de papéis e máscaras. Quando nos reconciliamos com elas, descobrimos justamente nas nossas feridas também as nossas habilidades. Visto que nós mesmos experimentamos a dor da mágoa, entendemos melhor outras pessoas que foram magoadas. Podemos acompanhá-las. E descobrimos em nossas feridas também as nossas habilidades.

Na tradição cristã, as feridas de Jesus na cruz são representadas em cor de ouro. Quando contemplo minhas próprias feridas e as atravesso para alcançar a profundeza da minha alma, eu encontro ali o meu ouro interior. Reconheço o brilho dourado da minha alma. A tradição conhece as cinco chagas de Jesus: as duas feridas nos pés, o coração ferido e as feridas nas mãos. A ferida no pé representa nossa falta de autoestima. Não conseguimos ficar de pé. Caímos quando alguém defende outra opinião. Queremos ir ao encontro de alguém, mas falta-nos a coragem.

A falta de autoestima pretende nos levar até nosso si-mesmo verdadeiro, até a pérola interior, a riqueza interior. Lá, não precisamos nos apresentar de forma autoconfiante. Lá estamos centrados. Lá assumimos quem somos. O coração ferido nos remete aos ferimentos na área do amor e da confiança.

A ferida nas mãos pode ser desmembrada em cinco. A primeira ferida significa: eu fui fixado em uma imagem. Eu não pude ser eu mesmo. A segunda ferida: fui segurado e impedido. Não pude seguir meu próprio caminho. A terceira ferida: alguém retirou a mão protetora e me deixou cair. A quarta ferida consiste no gesto que descarta ou menospreza. E a quinta ferida na mão representa os golpes físicos e psíquicos que eu sofri em minha biografia.

Devemos oferecer essas cinco feridas a Deus e imaginar que o amor curador de Deus atravessa essas feridas. Isso transforma as feridas. Elas se transformam em porta para o amor de Deus. E, através das feridas, vislumbro o ouro interior da minha alma. As feridas doem. Mas elas também são algo precioso, que me torna precioso, que confere um brilho dourado à minha alma.

Ritual

Sente-se num lugar calmo e observe os pensamentos e sentimentos que surgem dentro de você. Imagine que você atravessa todos esses pensamentos e emoções, todas as paixões e necessidades até alcançar o fundo da alma. Não ignore seu caos interior, atravesse-o. Imagine que o verdadeiro tesouro, o si-mesmo original e autêntico, se encontra no fundo da sua alma. Permita a existência de todos os pensamentos e sentimentos, também as emoções caóticas, que você não consegue classificar. Tudo tem o direito de ser. Mas, embaixo de todo esse caos, está o seu si-mesmo verdadeiro.

Então, tente sentir dentro de você: quais são as feridas e mágoas que surgem dentro de você? Lembre-se das mágoas da sua infância, quando você não recebeu a atenção necessária e não foi levado a sério, quando ninguém deu ouvidos aos seus gritos quando você foi obrigado a ser o que não era. E então atravesse todas essas feridas. Veja essas feridas como pontos de ruptura que lhe permitem chegar ao fundo da sua alma. E imagine que, sob suas feridas, existe um fundo dourado da alma, o ouro interior, o si-mesmo verdadeiro. E então desfrute da paz que emana desse exercício.

Quando você permite que tudo possa ser – os sentimentos caóticos e as feridas de sua biografia – então você encontrará a paz interior, então você estará em harmonia consigo mesmo. E você deixará de ter medo de sua própria verdade. Não existe mais nada que você precise reprimir. Tudo pode ser, pois sob todo esse caos reside em você a imagem de Deus intocada e inadulterada.

O ser humano como morada de Deus (Jo 14,23; 14,2-3)

No Evangelho de São João, Jesus diz que Deus reside no ser humano. Ele fala do Pai e de si mesmo, que é um com o Pai: "Se alguém me ama, guarda minha palavra; meu Pai o amará, viremos a ele e nele faremos morada" (Jo 14,23). Em Jo 14,2-3, Jesus diz que, depois de sua ressurreição, Ele irá ao pai e preparará moradas para os seus discípulos. Aqui, porém, lemos que Jesus, juntamente com seu Pai, já fez morada na pessoa que ama Jesus. Angelus Silesius expressou a experiência de que Jesus reside em nós, desta forma:

> Cristão, se você ama Jesus e tem a sua mansidão,
> Deus encontra em você a sua morada, sua paz e
> seu descanso.

O coração que ama Jesus e que é marcado por sua mansidão se transforma em morada de Deus.

O tema da morada de Deus no ser humano tem ocupado desde sempre o misticismo cristão. Deus não existe apenas fora de nós. Ele faz morada em nós. Para Paulo, é Cristo que reside em nós, ele diz sobre si mesmo: "Já não sou eu que vivo, é Cristo que vive em mim" (Gl 2,20). Cristo transformou seu pensamento mais íntimo. Paulo pensa e sente como Jesus porque Jesus reside em seu íntimo.

A pergunta é: quais foram as experiências que Paulo fez que o levaram a escrever essas palavras. A meu ver, foi a experiência de uma profunda transformação interior. Cristo se tornou tanto a realidade dele que já não é mais o seu ego, mas Cristo que determina a sua vida. Poderíamos entender Cristo aqui como imagem do si-mesmo verdadeiro. Mas poderíamos interpretá-lo também de forma espiritual. Nesse caso, Cristo significa o seu espírito, sua liberdade, seu amor. Em Cristo reside o amor de Deus no ser humano.

Na mística cristã, a morada de Deus no ser humano sempre faz também com que o ser humano resida em si mesmo. O Papa Gregório expressou isso sobre São Bento, quando escreveu que "Bento residia em si mesmo". *"Habitare secum"* – no monasticismo, isso se tornou um exercício espiritual importante. A precondição no monasticismo era que o ser humano não vagueie pelo mundo com seus pensamentos, mas que ele permaneça sempre em si mesmo e suporte a si mesmo. Existe um impulso interior no ser humano que o leva a sair de si mesmo, a sempre se preocupar com outras coisas.

Os místicos cristãos nos encorajam a permanecermos em nós mesmos. Mas só conseguimos fazer isso se encontrarmos dentro de nós não só o caos interior; mas, sob o caos, também o próprio Deus, que reside no fundo da nossa alma. Santa Catarina fala da cela interior, na qual Deus reside. Os monges da Idade Média cunharam a expressão: *"cella est coelum"*. A cela em que eu moro é, ao mesmo tempo, o céu. Angelus Silesius diz que o céu está em nós.

Santo Agostinho nos incentiva repetidas vezes a nos voltar para dentro. Deus nos é mais íntimo do que nós mesmos. Quando descobrimos Deus em nós, encontramos também o si-mesmo mais interior, então encontramos nossa natureza verdadeira. Em seu comentário ao Sl 74,6, ele escreve: "Deus lhe é mais íntimo do que seu coração. Portanto, para onde quer que fuja, Ele está presente".

Onde você foge de si mesmo? Você não segue a si mesmo para onde quer que fuja? Não podemos fugir de nós mesmos, da mesma forma, não podemos fugir de Deus. Mas isso não deve nos assustar, mas nos dar a confiança de que, independentemente de onde estejamos neste momento, Deus reside em nós. E onde Deus reside em nós existem amor, abrigo e lar.

Teresa de Ávila fala do cômodo mais íntimo do castelo da alma em que Deus habita. Para Teresa, o caminho da oração e meditação atravessa todos os diversos aposentos do castelo, atravessa o pensamento, a fala, o sentimento e vai até o silêncio puro no sétimo cômodo, onde encontramos Deus, que se encontra além de todas as palavras e imagens. Quando encontramos esse Deus dentro de nós, encontramos também a nós mesmos e nos tornamos totalmente nós mesmos.

O místico alemão Mestre Eckhart fala da "centelha da alma", do ponto mais íntimo da alma em que Deus reside. João Tauler, seu aluno, fala do fundo da alma. Lá, no fundo da alma, encontramos Deus. E a nossa tarefa é alcançar o fundo da alma no silêncio. Lá encontramos em Deus a paz verdadeira.

A língua alemã interpreta a morada de Deus de tal forma que Deus habita como um mistério no íntimo do ser humano. Em alemão, a palavra "mistério" (*Geheimnis*) está ligada a "lar" (*Heim*) e "pátria" (*Heimat*). Quando Deus habita em nós como um mistério, podemos nos sentir em casa dentro de nós mesmos. Deixamos de procurar o nosso lar em casas externas ou em pessoas que nos amam. Encontramos o lar em nós mesmos.

A linguagem bíblica conhece a imagem do templo de Deus: "Não sabeis que vosso corpo é templo do Espírito Santo, que está em vós e que recebestes de Deus?" (1Cor 6,19). Essa imagem de Paulo é uma referência à filosofia estoica de Sêneca e Epíteto, que fala da alma como casa de Deus. Para Paulo, Deus no Espírito Santo habita no ser humano. O Espírito Santo é, por assim dizer, o "ser de Deus dentro do ser humano". Mas assim como o espírito não é palpável, o ser humano também não pode segurar Deus dentro de si. É uma experiência. Mas Deus habita em mim como o Indisponível, como aquele que também sempre se esquiva de mim.

O Evangelho de São João interpreta a história da expulsão dos vendilhões do Templo como imagem para nós (Jo 2,13-22). Nós somos o templo de Deus. Muitas vezes, nós nos transformamos num mercado. Dentro de nós, existem comerciantes que representam o barulho dos pensamentos. Esses pensamentos barulhentos nos impedem de ser um templo de Deus, um lugar sagrado para o Deus sagrado. Dentro de nós estão os cambistas. Eles representam as nossas reflexões sobre como nós somos comercializados no mercado público, que valor representamos e como somos avaliados. Não estamos conosco mesmos, mas sempre com os pensamentos sobre como os outros nos avaliam.

Jesus expulsa os comerciantes e cambistas do Templo para que o Deus sagrado possa habitar em nós. E Jesus expulsa também as ovelhas, o gado e os pombos do Templo. As ovelhas representam as coisas superficiais dentro de nós; o gado, as nossas pulsões; e os pombos, os pensamentos inquietos que não permitem que nos aquietemos. João entende a expulsão dos comerciantes do Templo como imagem da morte e ressurreição de Jesus. Na morte de Jesus, os comerciantes são expulsos do Templo. Na morte de Jesus, morre tudo que pretende nos dominar neste mundo. E em sua ressurreição Jesus transforma o nosso corpo em um templo, no lugar da presença de Deus.

O próprio Jesus interpreta esses eventos nesse sentido: "Destruí este Templo e em três dias eu o levantarei" (Jo 2,19). João interpreta a palavra de Jesus assim: "Ele falava do templo de seu corpo" (Jo 2,21). Mas a tradição espiritual nunca aplicou essa palavra de Jesus apenas ao templo do corpo dele, mas também ao nosso corpo. Por meio da ressurreição de Jesus, nós já nos transformamos em templo de Deus. João introduz a história da expulsão dos comerciantes com as palavras: "Estava próxima a Páscoa dos judeus" (Jo 2,13). Agostinho traduz a palavra "Páscoa" com *transitus* = "transição, passagem".

Sempre que nós cristãos celebramos a morte e ressurreição de Jesus na Eucaristia, nós passamos com Cristo da morte para a vida, do mercado para o templo de Deus. Então ocorre dentro de nós uma transição do exterior para o interior. Nós nos tornamos, já agora, o templo de Deus. Isso se concretiza na comunhão, quando absorvemos Jesus em nosso corpo na forma de pão e vinho. Então Jesus entra em nosso corpo e o transforma de mercado em templo de Deus.

A imagem do templo de Deus leva a uma nova autoexperiência do cristão. Quando nos sentimos como se estivéssemos num mercado, em que os pensamentos barulhentos se propagam, em que precisamos dominar os pombos que esvoaçam por todos os lados, nós vivenciamos tensão e ansiedade. Contraímos os músculos para controlar o caos interior. Percebemos quando uma pessoa precisa se controlar o tempo todo por temer que, caso não consiga se controlar, o caos interior se manifeste no exterior. Quando imaginamos que somos um templo de Deus, nossa autoimagem se torna mais ampla. O templo é amplo, grande e lindo. Nós nos sentimos internamente livres. Sentimos nossa dignidade. Percebemos com gratidão a beleza do templo interior.

Quando olhamos para a crise da pandemia e os muitos outros problemas que nos ocupam hoje em dia, esses pensamentos espirituais parecem estar muito distantes. Muitos não conseguem encontrar uma ajuda neles para lidar com as dificuldades que os confrontam. Mas, para mim, esses pensamentos – que a Bíblia e a tradição mística nos oferecem – são uma ajuda para o nosso tempo.

Eu vejo muitas pessoas que mal conseguem viver porque ouvem, nos noticiários da TV ou nas mídias sociais, o tempo todo os problemas que ocupam o nosso mundo de hoje: guerra e terrorismo, políticos que destroem seu país, pandemias, catástrofes naturais, mudança climática, destruição do meio ambiente. De certa forma, essas pessoas residem fora de si mesmas. Elas vivem naquele mundo que lhes é apresentado externamente. Mas nesse mundo não conseguimos viver de forma saudável em longo prazo.

Os numerosos problemas que nos assolam nos adoecem. Quando nos retiramos e nos abrigamos na morada interior do nosso si-mesmo, na morada em que Deus reside em nós, isso não é uma fuga do nosso mundo. Nós nos retiramos para a morada interior para reabastecer nossas energias. Com essa força, podemos voltar para o mundo e enfrentar os problemas que enfrentamos lá fora. Mas os problemas não nos consomem nem nos dominam.

Em reuniões difíceis em que decidimos encarar os problemas do mundo eu costumo imaginar: esses problemas não conseguem invadir a morada na minha alma. Eles não têm acesso a ela. Partindo desse centro, posso então enfrentá-los. Quando os problemas dominam meu centro, eu não tenho uma posição que me permita enfrentá-los. Não tenho distância em relação aos problemas, mas sou determinado por eles. Por isso, retirar-nos para a nossa morada interior tem um efeito curador principalmente em nosso tempo de crise. Não para permanecermos ali, mas para, a partir desse abrigo interior, moldarmos o mundo segundo o espírito de Jesus.

Ritual

A forma cristã da meditação é a oração de Jesus. Nós combinamos a oração de Jesus com a respiração. Quando inspiro, eu digo: "Senhor Jesus Cristo". E quando expiro, eu digo: "Filho de Deus, tem misericórdia de mim". A tradição chama essa prece também de oração do coração. Quando inspiro, imagino como o amor de Jesus preenche meu coração e o esquenta. Quando expiro, imagino que o amor de Jesus flui pelo corpo inteiro e transforma tudo dentro de mim. Posso combinar as palavras da oração de Jesus também com a imagem da expulsão dos comerciantes do Templo. Então imagino como, quando inspiro e recito as palavras "Senhor Jesus Cristo", Jesus entra em meu templo. Quando expiro e recito as palavras "Filho de Deus, tem misericórdia de mim", eu imagino como o amor de Jesus expulsa do meu corpo todos os pensamentos barulhentos, os cambistas, as ovelhas, o gado e os pombos e transforma o meu corpo em um lugar que está cheio do amor de Deus.

O objetivo da oração de Jesus é que as palavras – juntamente com a respiração – me conduzem até o fundo da minha alma. E esse fundo da minha alma está cheio de amor e paz e misericórdia. Nesse espaço do amor, eu me aquieto. E, a partir desse espaço, posso sair para o mundo com amor. Não saio para o mundo com medo, nem com agressão nem amargura. A oração de Jesus me conduz para o espaço do silêncio, para a morada de Deus dentro de mim. E, partindo dessa morada de Deus, posso moldar o mundo de forma mais agradável, de modo que ele não seja um lugar estranho, mas o meu lar.

A relação com o próximo

A psicologia de C.G. Jung é frequentemente acusada de contemplar apenas o ser humano individual e o seu devir, a sua individuação, e de negligenciar o convívio. Assim, Jung estaria fortalecendo o individualismo predominante nos dias de hoje e ignorando a mensagem essencial da Bíblia. A mensagem central de Jesus é: "Ama teu próximo como a ti mesmo". Em seu discurso sobre o juízo final, registrado em Mt 25,31-46, Jesus nos mostra que a forma como nos comportamos em relação ao próximo determina se nós entendemos o espírito de Jesus ou não. Nós encontramos Cristo em cada pobre, forasteiro, sem teto e enfermo. "Todas as vezes que fizestes isso a um desses meus irmãos menores, a mim o fizestes" (Mt 25,40). O amor ao próximo do qual Jesus fala se dirige a todos os seres humanos, principalmente aos pobres e necessitados, e não importa se eles são cristãos ou não. Trata-se do amor que não é calculista. É um amor que nem sabe que ele está se oferecendo a Cristo no outro. É um amor que é praticado em nome do próprio amor, não com outras intenções.

Essas palavras de Jesus deixaram o filósofo alemão Immanuel Kant fascinado e comovem também os ateus de hoje. A teologia da libertação preza essas palavras de Jesus e fala do "sacramento ao próximo". Não existe caminho que leve a Deus e que não passe por ele.

C.G. Jung responderia à acusação de que ele gira apenas em torno do si-mesmo do indivíduo e ignora a solidariedade entre os seres humanos: somente aquele que se tornou completamente si mesmo é capaz de amar de forma altruísta. Pois eu só consigo renunciar àquilo que eu possuo. Só quando sinto o meu si-mesmo, posso soltá-lo e me entregar totalmente ao outro. E Jung diria: o ser humano sempre vive numa relação com o outro, com a comunidade da humanidade. Em sua profundeza, ele sempre é incentivado a encontrar seu verdadeiro si-mesmo no encontro com o outro. E Jung entende a palavra de Jesus: "quem quiser salvar a sua vida, vai perdê-la; mas quem perder a sua vida por amor de mim e por causa do Evangelho, há de salvá-la" (Mt 8,35).

No texto grego, encontramos aqui a palavra *"psyche"*. *"Psyche"* significa alma, mas costuma ser traduzido como "vida". Mas essa é uma visão muito unilateral. Por isso, alguns exegetas sugerem traduzir *"psyche"* com "existência". Pois o termo se refere à vida concreta do si-mesmo. Uma pessoa que só gira em torno da vida concreta, que só gira em torno de si mesma perde sua alma, perde a abertura para a vida verdadeira.

A psicóloga Ursula Nuber fala da armadilha do egoísmo. As pessoas que só querem amar a si mesmas, que só se preocupam com o bem-estar do próprio si-mesmo, caem nessa armadilha. Hoje, a psicologia reconhece que o ser humano só consegue ser feliz quando sua vida estiver fluindo. Mas a nossa vida só começa a fluir quando nós desviamos nosso olhar de nós mesmos e nos entregamos ao outro, quando amamos o próximo. O amor é algo que sempre flui. Ela flui para o outro e flui de volta para nós.

Devemos sempre buscar um equilíbrio entre o amor-próprio e o amor ao próximo. Somente aquele que ama a si mesmo, que se aceita em sua humanidade com todos os seus limites e suas falhas, é capaz de amar ao próximo. Sem uma boa relação com o si-mesmo, corremos perigo de cair vítima do fenômeno que o psicólogo Wilhelm Schmidbauer chama de "ajudante impotente". Essa pessoa ajuda o outro para fugir de sua própria impotência. Nesse caso, porém, nossa ajuda não ajuda o outro. Nós o tornamos dependente de nós mesmos.

Existem alguns "ajudantes" que precisam do necessitado e do carente para provar seu valor. Eles usam o outro para si mesmos, para o fortalecimento do próprio ego. Quem estiver em contato com seu verdadeiro si-mesmo poderá se entregar ao outro sem querer usar o outro para seus próprios objetivos. O teólogo e psicólogo Peter Schellenbaum faz uma distinção entre dois tipos de amor: de um lado, existe o amor em que a pessoa se pressiona a amar o outro porque Jesus o ordenou, o amor em que a pessoa sempre se vigia para ver se ela ama o bastante; de outro, existe o amor que flui do interior para fora.

Trata-se do amor ao próximo, que se nutre do amor que existe no fundo da nossa alma, do amor divino que nos foi dado. Esse amor abarca também aquilo que não é amado. É um amor que "inclui a solidão, sóbrio e ardente ao mesmo tempo, um amor que não deseja nada específico e por isso se oferece e se abre, um amor que cura as feridas do amor" (SCHELLENBAUM, 1989, p. 174).

Quando Jesus nos encoraja a amar ao próximo, Ele parte do pressuposto de que o amor de Deus habita em nós e que nós recorremos a esse amor. Em sua Primeira Epístola São João diz: "Deus é amor, e quem permanece no amor permanece em Deus, e Deus nele" (1Jo 4,16). Quando recorremos a esse amor, podemos amar ao próximo sem nos esgotar. É um amor que flui para o outro e no qual nós nos sentimos vivos. Sentimos como o amor nos impregna. Isso nos faz bem. Então, o amor ao próximo deixa de ser algo inalcançável, algo que nos esgota, e passa a ser uma expressão da nossa experiência de que, no fundo da nossa alma, jorra a fonte divina inesgotável do amor.

A postura central que Jesus exige de seus discípulos é a postura da misericórdia. No Evangelho de São Mateus, Jesus cita duas vezes a palavra do Profeta Oseias: "Quero misericórdia e não sacrifícios" (Mt 9,13; 12,7). Na primeira vez, Jesus usa uma fórmula da escola judaica: "Ide e aprendei o que significam as palavras: 'Quero misericórdia e não sacrifícios'" (Mt 9,13). Essa é a postura que o discípulo de Jesus deve assumir: misericórdia e não sacrifícios. Ele não precisa satisfazer a Deus por meio de algum desempenho específico. O discípulo deve apenas aprender a misericórdia de Jesus. Se ele fizer isso, terá entendido Jesus.

A Bíblia entende misericórdia como "compaixão". É isso que significa a palavra grega *"splanchnizomai* = ser comovido nos intestinos". Para os gregos, os intestinos são o lugar dos sentimentos vulneráveis. Eu me abro para o outro, sinto a dor do outro, sem que essa dor me domine. Eu sofro com o outro sem que o sofrimento do outro me paralise. Por outro lado, misericórdia significa também *eleos*, uma ação misericordiosa. A tradição cristã conhece as sete obras da misericórdia e tornou o clima da sociedade mais humano e ameno. E misericórdia significa *"oik tirmon* = sentir com". É nesse sentido que Jesus diz: "Sede misericordiosos como vosso Pai é misericordioso" (Lc 6,36). A compaixão é uma postura central também no Budismo. Jesus afirma que nós nos aproximamos de Deus por meio da compaixão, que, na compaixão, temos parte de Deus.

Tanto no Budismo quanto no Cristianismo, a compaixão é a postura que contribui para a felicidade do indivíduo e da sociedade. Pois sem compaixão o ser humano se sente isolado. A compaixão o conecta com as pessoas. Aquele que tem compaixão participa da vida das pessoas. Ele se sente como um membro da sociedade. Ele sente que pertence a ela. E a compaixão cria na sociedade uma atmosfera que faz bem às pessoas.

Os psicólogos confirmam essa percepção de Jesus e de Buda segundo a qual a compaixão é a postura central da existência humana que possibilita um convívio saudável. E justamente em tempos de crise como esta pandemia, a compaixão gera uma atmosfera curadora na sociedade. Mas a compaixão não se dirige apenas às pessoas, mas ao cosmo inteiro, aos animais e às plantas, a toda a matéria. Na compaixão, nós nos sentimos unidos com todo o cosmo. Então interagimos também de forma sensível com a criação.

São Bento traduziu a mensagem cristã do amor ao próximo em uma exigência aos monges de que eles devem ver Cristo em cada confrade e em cada coirmã. Isso não significa apenas amor ao próximo. Significa uma visão específica do ser humano. Ver Cristo no outro significa não definir o outro de acordo com a fachada que eu vejo, de acordo com a conduta negativa que o outro mostra. Trata-se de penetrar o evidente e acreditar no núcleo bom em cada ser humano.

Algumas pessoas estão separadas desse núcleo. Elas mesmas não acreditam mais nele. Por isso, só conseguem ver o sentido de sua existência na ação má e destruidora. Mas, muitas vezes, essa visão negativa provém de experiência de mágoa na infância. Albert Görres, um psiquiatra de Munique, disse certa vez: o mal que fazemos aos outros é, muitas vezes, um acerto de contas com os devedores errados. E ele diz também: ninguém pratica o mal por prazer, mas sempre por desespero.

A fé em Cristo no outro não ignora o mal. Mas ele não o reduz ao mal, mas vê para além do mal e enxerga o si-mesmo verdadeiro do outro, o fundo de sua alma, onde cada ser humano anseia pelo bem. Em cada ser humano existe essa noção do bem. Quando acreditamos nisso, podemos despertar o bem no outro. Especialmente nos tempos atuais, em que temos a impressão de que pessoas más dominam e destroem o mundo, é difícil acreditar nesse núcleo bom. Mas só se acreditarmos nesse núcleo bom poderemos ter a esperança de que o bem prevalecerá diante da destruição que vemos por toda parte.

A psicologia de C.G. Jung também nos mostra que a fé em Cristo no outro corresponde à natureza do ser humano. Jung acredita: quando estamos em contato com o nosso si-mesmo verdadeiro, acreditamos também no si-mesmo inadulterado e intacto no outro.

Quem não conhece a si mesmo costuma projetar sobre os outros aquilo que ele não percebe em si mesmo. Assim, ele distorce sua visão do outro. Ele projeta, por exemplo, sua desconfiança sobre o outro e acredita que o outro só vive para realizar seus próprios desejos e que ele não se importa com os outros. As projeções de nossas sombras reprimidas geram desconfiança, briga e conflito entre as pessoas. E elas obscurecem nossa visão do outro. Aquele que se separa de algo dentro de si porque é desagradável demais confrontar a própria verdade divide também a sociedade. Hoje em dia, vemos isso infelizmente em alguns políticos: eles não encaram a própria realidade. Eles estão divididos em si mesmos e dividem assim também a sociedade e o país.

Outro aspecto da nossa relação com outras pessoas é a responsabilidade. Vivemos não somente para nós mesmos. Vivemos sempre também na responsabilidade pelas pessoas ao nosso redor. Deus pergunta a Caim: "Onde está teu irmão Abel?" Caim respondeu: "Não sei. Acaso sou o guarda de meu irmão?" (Gn 4,9). Deus não permite que fujamos da nossa responsabilidade pelas pessoas do nosso convívio. O filósofo judeu Hans Jonas intitulou o livro central de sua filosofia de *Ética da responsabilidade*. O ser humano é responsável por seu irmão. Ele deve responder à pergunta de Deus não só pelo irmão, mas também pela criação. Temos a responsabilidade de garantir que também as gerações futuras possam viver bem nesta terra.

Aquele que só busca sua própria vantagem e que explora a natureza para seus próprios objetivos não age de forma responsável. Devemos assumir a responsabilidade pelo mundo, pela mudança climática, pelo futuro desta terra e pelo futuro do mundo inteiro. Essa é a máxima fundamental da ética da responsabilidade que Hans Jonas desenvolve em resposta a uma ética puramente moral: "Aja de tal forma que os efeitos de suas ações permitam a permanência da vida humana autêntica nesta terra".

Outro conceito da ética social cristã é a solidariedade. O Papa João Paulo II define a solidariedade desta forma: "Ela é a determinação firme e constante de se empenhar pelo bem comum, isto é, belo bem de todos e de cada um, pois todos nós somos responsáveis por todos" (KORFF. *LexSpir*, p. 1.156). No nosso mundo da globalização, o futuro da humanidade será decidido pela "disposição e capacidade de viver a solidariedade" (p. 1.158).

A pandemia mostrou que todos os seres humanos estão conectados uns com os outros e são responsáveis uns pelos outros. Nós podemos infectar os outros com o vírus. Por isso, nós nos protegemos para proteger os outros. Somos solidários com os outros por meio da nossa conduta.

Essa conexão e solidariedade não se aplica somente ao contágio do vírus. Cada um de nós emana algo específico no encontro com outras pessoas. Quando acordamos, podemos enfrentar o dia com uma postura de amargura e insatisfação, de agressividade e conflito. Quando fazemos isso, a nossa energia negativa prejudica não só as pessoas que encontramos ao longo do dia. Nossos pensamentos e sentimentos têm um impacto também sobre o mundo, mesmo que não encontremos nenhuma pessoa.

A física quântica nos mostra que tudo que pensamos e sentimos tem um efeito sobre o meio ambiente, as pessoas e até mesmo sobre a natureza. Portanto, somos responsáveis pelos sentimentos e pensamentos com os quais enfrentamos o dia. A tradição monástica, porém, sabe que não somos responsáveis pelos pensamentos e sentimentos que surgem dentro de nós, mas apenas por como lidamos com eles.

Não podemos impedir o surgimento de pensamentos negativos dentro de nós. Mas cabe a nós a responsabilidade de encarar e transformar esses pensamentos. Em tudo que pensamos, dizemos e fazemos somos responsáveis pelo nosso mundo. Por isso, trabalhar em nós mesmos, purificar as nossas emoções (a ascese, como sugerida pela tradição cristã) nunca é só um assunto particular. Trabalhar em nós mesmos significa também trabalhar no mundo. Quando purificamos nossos pensamentos, purificamos também um pouco deste mundo.

Os primeiros monges se mudaram para o deserto. Na época, o deserto era visto como o lugar dos demônios. Os monges acreditavam: se conseguissem vencer os demônios no deserto, eles fariam uma contribuição para a cura do mundo. Se eles conseguissem levar um pouco de luz para a região mais escura do mundo, o mundo inteiro se tornaria um pouco mais claro. Uma palavra dos Padres expressa isso de forma humorística: Jamais imagine que, por ser um monge, você é algo especial. Imagine: você é um cão raivoso. Você vai para o deserto para que esse cão raivoso não ataque ninguém. Os monges tentam domar o cão raivoso dentro de si mesmos para não terem um efeito negativo sobre as pessoas. Quando eles lutam contra os pensamentos demoníacos dentro de si, eles fazem uma contribuição importante para a humanização do mundo.

Isso mostra que a espiritualidade do indivíduo não é expressão de um desejo egoísta de salvação, uma acusação comum contra os cristãos piedosos no passado. A transformação espiritual do indivíduo é sempre também uma contribuição para a transformação do mundo. Quando permito que tudo que existe dentro de mim seja penetrado e transformado pelo espírito de Jesus, parte deste mundo é impregnada pelo espírito de Jesus. O que acontece dentro de mim acontece de modo representativo para o mundo inteiro e afeta o mundo inteiro.

Ritual

Um ritual apropriado para expressar a nossa conexão com todos e a nossa responsabilidade por todas as pessoas é o ritual da bênção. Eu me coloco de pé e levanto meus braços para a bênção. Trata-se de um gesto muito antigo que é praticado há mais de 10.000 anos. As diferentes religiões e culturas interpretam o gesto de maneiras diferentes. Os indígenas o entendem da seguinte forma: minhas mãos são um espelho para o sol. Quando levanto meus braços para a bênção, quero que os raios quentes e esclarecedores do sol fluam para o coração das pessoas. Para os indígenas, o sol é uma imagem do amor de Deus, que esquenta e esclarece nosso coração.

Os judeus vinculam esse gesto com a bênção sacerdotal: "O Senhor te abençoe e te guarde. O Senhor faça brilhar sobre ti sua face, e se compadeça de ti. O Senhor volte para ti sua face e te dê a paz" (Nm 6,24-26). É uma bênção maternal. Assim como a mãe acorda a criança com um sorriso matinal, Deus faz brilhar sobre nós a sua face misericordiosa e nos enche com seu amor.

Os cristãos interpretam a bênção como o gesto de bênção com o qual Jesus abençoa seus discípulos antes de ser recebido no céu. Depois de sua ressurreição, Jesus leva seus discípulos para perto de Betânia. "Ali, levantou as mãos e os abençoou. Enquanto os abençoava, separou-se deles e foi levado ao céu. E eles, depois de se prostrarem diante dele, voltaram para Jerusalém com grande alegria" (Lc 24,50-52). Nossa bênção nos conecta com a bênção que Jesus deu aos seus discípulos. E nós podemos confiar que, por meio da nossa bênção, as pessoas são preenchidas de alegria e podem enfrentar seu dia a dia com ânimo.

Imagino como a bênção passa por minhas mãos e flui até as pessoas com quem convivo, com as quais e para as quais eu trabalho. Posso imaginar primeiro como a bênção de Deus flui pelas minhas mãos até a minha família, que a bênção envolve cada um como um manto protetor. E imagino como a bênção de Deus penetra cada um, para que ele possa ficar em harmonia e paz consigo mesmo. Assim, sinto-me conectado com o outro por meio da bênção. Ao mesmo tempo, posso soltá-lo, entregá-lo à bênção e proteção de Deus. E a bênção me dá a esperança de que o outro possa encontrar o seu si-mesmo verdadeiro e a paz interior. Depois imagino as pessoas com as quais eu trabalho.

Quando envio a bênção de Deus para essas pessoas, eu as vejo com outros olhos. Tenho esperança para elas. E então posso conviver com pessoas abençoadas. Jesus diz no Evangelho de São Lucas: "Orai por quem vos calunia" (Lc 6,28). Isso parece ser uma exigência excessiva. Num curso, porém, quando convidei os participantes a abençoarem uma pessoa que os tinha magoado, uma senhora me contou mais tarde: Isso me fez bem. Para ela, a bênção serviu também como proteção contra o ferimento do outro. E ela saiu de seu papel de vítima. Muitas vezes, ficamos presos ao papel de vítima. Reclamamos da injustiça com que fomos tratados. Assim, continuamos a lhe dar poder. Quando abençoamos essa pessoa, nós nos erguemos, reagimos ativamente ao outro e lhe enviamos a nossa bênção. Isso nos liberta do poder do outro. Quando o abençoamos, passamos a vê-lo de outra forma.

A bênção gera uma nova forma de convívio. Deixo de ver o outro através das lentes das minhas projeções, através das lentes do meu medo ou da minha confiança e passo a vê-lo através das lentes da esperança de que a bênção de Deus conduzirá essa pessoa para a sua natureza verdadeira.

A unidade de todas as pessoas

Na filosofia grega, o pensamento da unidade era importante. O ser humano é um consigo mesmo. Mas ele também é um com a criação, um com todas as pessoas e com Deus. Os gregos acreditavam que, ao lado da grande diversidade que encontramos no mundo, existia também o Uno. Para Parmênides, o Uno é o fundamento de todo ser. Heráclito fala dos opostos que determinam o mundo. Mas também ele acredita que o Uno una esses opostos. O oposto surgiu a partir do fundamento da unidade. Agostinho acata esses pensamentos quando afirma que a diversidade – e também todos os seres humanos – surge do fundamento Uno de todo ser.

O conhecimento da filosofia grega do Uno (*to hen*) nos permite entender melhor também o discurso do Areópago, que Lucas atribui ao Apóstolo Paulo. Lá, lemos: "De um só fez nascer todo o gênero humano, para povoar toda a face da terra" (At 17,26). Muitas traduções dizem: "Deus fez nascer todo o gênero humano de um único homem". Mas o monogenismo não é um tema que interessa ao Evangelista Lucas. Lucas conhece a filosofia grega. E nela o Uno significa o fundamento Uno, que penetra todas as coisas. Então, essa declaração adquire outro significado: Deus criou o ser humano a partir do fundamento Uno que subjaz ao cosmo inteiro.

Todos nós fomos criados a partir do mesmo pó das estrelas como o cosmo. Por isso, existe uma unidade essencial com tudo que existe, com o cosmo, as plantas, os animais e todos os seres humanos. Quando temos conhecimento dessa unidade essencial de tudo que existe, nós tratamos o cosmo, as plantas, os animais e os seres humanos de outra forma. Nós nos sentimos um com tudo que é. O pensamento da unidade leva a um convívio respeitoso com toda a criação. Principalmente em tempos de mudanças climáticas, fazemos bem em nos conscientizar dessa unidade original de tudo.

O Novo Testamento conhece ainda outras imagens para a unidade. No Evangelho de São João, Jesus pede: "Que todos sejam um como tu, Pai, estás em mim e eu em ti, para que eles estejam em nós" (Jo 17,21). Muitas vezes, essas palavras são interpretadas assim: Jesus quer que todos os cristãos sejam um e que eles não se dividam em diferentes confissões. Mas, diante do pano de fundo da filosofia grega, podemos entender as palavras de Jesus também de outra forma: Jesus nos mostra um caminho para nos tornarmos um conosco mesmos. Nós podemos nos tornar um conosco mesmos assim como o Pai e o Filho são um. O Filho desceu do céu para trazer tudo que está na terra para a unidade com Deus. Ele desceu para as profundezas da nossa humanidade para trazer tudo que existe em nós (também as coisas obscuras e desagradáveis) para a unidade com Deus. É o próprio Cristo que cria essa unidade em nós.

O que podemos fazer é descer com Cristo para a profundeza da nossa alma para que tudo seja impregnado e transformado pela luz de Cristo.

Outra imagem que a Bíblia usa para a unidade é a reconciliação. A Epístola aos Efésios parte do pressuposto que, originalmente, os judeus e gentios estavam separados e eram estranhos uns aos outros. Por meio de sua morte na cruz, Jesus derrubou o muro que separava os judeus e gentios, "para fazer em si mesmo, dos dois, um só homem novo. Estabeleceu assim a paz, reconciliou ambos com Deus num só corpo pela cruz e matou em si mesmo a inimizade" (Ef 2,15s.).

Por meio de sua morte na cruz, Jesus uniu as pessoas que, antes, estavam separadas: judeus e gentios, homens e mulheres, jovens e idosos, bons e maus. Por meio de sua cruz, ele reconciliou as pessoas que antes eram inimigas umas das outras. A Epístola aos Efésios fala aqui do homem novo que Jesus criou na cruz. O ser humano reconciliado consigo mesmo, que se sente um com todos os outros, é o homem novo pelo qual todos nós ansiamos.

Essa imagem da reconciliação ocupa um lugar central na mensagem do Novo Testamento. Na cruz, Jesus reconciliou todas as pessoas umas com as outras e o cosmo com Deus. Na cruz, o amor de Jesus venceu o ódio. O ódio constrói paredes que separam, o amor supera essas paredes. Ele gera reconciliação entre as pessoas. A tarefa dos cristãos consiste em não só proclamar essa reconciliação por meio de Cristo, mas em contribuir pessoalmente para que a nossa sociedade não continue construindo muros novos, mas permita a reconciliação. Por meio dessa reconciliação, as pessoas até então separadas se unem numa nova sociedade humana.

O cristão que entendeu a cruz de Cristo deve reconciliar dentro de si mesmo as áreas separadoras e conduzi-las à unidade. Os Padres do Deserto, que foram viver no deserto para ficarem a sós, não entendem sua solidão de modo egoísta. Eles entendem que sua tarefa consiste em reconciliar aquilo que está dividido dentro deles e assim se tornarem um. A palavra "*monachos*" provém de "*monazein*" (separar-se). Mas alguns monges interpretam a palavra também como provinda de "*monas* = unidade". O monge é aquele que é um consigo mesmo, com todos os seus pensamentos e paixões, com seu corpo e sua alma.

Para Dionísio o Areopagita, o monge une em si também os lados masculino e feminino, *anima* e *animus*, como Jung chama os dois polos do ser humano. E o monge é aquele que é um com todas as pessoas e com toda a criação. E é assim que Evágrio Pôntico (345-399) define o monge: "O monge é uma pessoa que se separou de tudo e que, mesmo assim, se sente conectado com tudo. O monge sabe que ele é um com todas as pessoas. Pois ele se encontra constantemente em cada pessoa" (*Sobre a oração*, n. 124-125). É justamente quando eu me separo das pessoas no silêncio que eu vivencio no silêncio uma profunda unidade com todas as pessoas.

No silêncio, alcanço o fundo da minha alma. Lá, sou um com todas as pessoas e com tudo que existe. Essa unidade interior chamou a atenção do trapista norte-americano Thomas Merton. Em 25 de outubro de 1968, poucos dias antes de sua morte, ele encerrou seu discurso apresentado a representantes de diversas religiões com as palavras: "A maneira mais intensa de comunicação é a comunhão. Ela acontece sem palavras. Ela ocorre além de todas as palavras e de toda língua, além de todo planejamento. Na comunhão, não descobrimos uma nova unidade. Encontramos uma unidade primordial. Amados irmãos, nós já somos essa unidade. Mas acreditamos que ainda não a alcançamos. E é isso que devemos reencontrar: nossa unidade original. Nós já somos o que devemos ser" (MERTON, 1987, p. 188).

Vemos hoje que muitas sociedades estão divididas. Chefes de governo como Trump e Bolsonaro dividem a sociedade porque eles estão divididos em si mesmos. Por isso, precisamos ainda mais de pessoas que sejam um consigo mesmas e contribuem para unir as pessoas novamente. As pessoas que percorreram o caminho da realização do si-mesmo e, nesse caminho, se tornaram um consigo mesmas não giraram simplesmente em torno de si mesmas. Elas trilharam seu caminho espiritual tendo em vista sempre todas as pessoas. Sentiram que seu próprio ser um sempre envolve também as outras pessoas e a responsabilidade por elas. A purificação das emoções, que as levou a essa unidade, purifica também o ambiente de todo o lixo que se acumulou na cabeça e no coração das pessoas.

Ser um com todas as pessoas não significa estar sempre de acordo com todos. Quando falamos sobre nossas opiniões e experiências – assim afirma Thomas Merton em sua palestra – sentimos nossas diferenças. Mas devemos respeitar essas diferenças e não tentar harmonizá-las às pressas. Devemos permitir que existam, "até o momento em que a compreensão mútua cresceu ainda mais" (MERTON, 1987, p. 197). É preciso paciência para permitir que a compreensão mútua cresça e para voltar a vivenciar a unidade. Jamais haverá uma unidade constante. Ela sempre será experimentada como um momento da graça. De repente, a unidade se dá. Ela resplandece. E todos sentem de repente: lá no fundo, todos nós somos um.

É uma experiência maravilhosa, que só podemos compartilhar no silêncio, num silêncio profundo, cheios de gratidão pela existência da unidade – a despeito de todas as diferenças. Segundo Thomas Merton, o que podemos fazer para experimentar sempre de novo a unidade como um momento da graça é trilhar o caminho espiritual. O caminho espiritual que corresponde ao espírito de Jesus deveria capacitar o ser humano a transcender seu eu empírico e, no fundo de sua alma, em seu si-mesmo verdadeiro, sentir-se um com todas as pessoas. Merton descreve o ser humano espiritual desta forma: "De certo modo, ele se transformou num ser humano 'cósmico' e 'universal'. Ele alcançou uma identidade e integralidade maior do que uma pessoa no nível de seu eu limitado, que só representa um fragmento de seu ser. De certo modo, ele se tornou um com todos" (MERTON, 1992, p. 123).

Assim, a espiritualidade exerce uma função no nosso mundo dividido. A espiritualidade pretende capacitar as pessoas a se sentirem um com todas as pessoas no fundo de sua alma. Numa sociedade tão dividida como a nossa, isso nos dá esperança de reconciliação e comunhão. Para Paulo, a tarefa dos cristãos consiste em ser mensageiros da reconciliação. Visto que Deus nos reconciliou em Cristo consigo mesmo e uns com os outros, Ele "nos confiou o ministério da reconciliação" (2Cor 5,18).

Mas não basta proclamar essa mensagem, devemos testificá-la por meio de uma vida reconciliada no mundo. Devemos ser o fermento da reconciliação na nossa sociedade – por meio de uma linguagem e de uma ação reconciliadoras. Mas, antes de podermos ser mensageiros da reconciliação, devemos experimentar a reconciliação dentro de nós mesmos: "quem está em Cristo é criatura nova. O que é velho passou, e um mundo novo nasceu" (2Cor 5,17). Hoje em dia, nosso mundo anseia por essa criatura nova que se tornou nova por meio de Cristo, por essa criatura reconciliada consigo mesma e com as pessoas e que é um com todas as pessoas.

Ritual

Para C.G. Jung, o símbolo de unidade central é a cruz. A cruz conecta todos os opostos; ela é um símbolo de que todos os opostos contidos no ser humano serão conectados. Ele escreve: "Cada pessoa individual que deseja ser sua própria totalidade sabe exatamente que isso significa carregar sua cruz" (JUNG, *GW*

11, 195). Na cruz, Jesus conectou nossos opostos: luz e trevas, o bem e o mal, homem e mulher, o consciente e o inconsciente. No Evangelho de São João, Jesus expressa essa conexão com a imagem do abraço: "Quando eu for levantado da terra, atrairei todos a mim" (Jo 12,32). Na cruz, Jesus abraça nossos opostos para que deixemos de ser divididos e nos tornemos um, um com tudo que existe dentro de nós.

Nós podemos experimentar isso por meio do seguinte ritual: eu me coloco de pé e cruzo os braços sobre o peito. Então recito lentamente: Porque Cristo me abraça na cruz, eu abraço em mim o forte e o fraco, abraço em mim o que está saudável e o que está doente, abraço o bem-sucedido e o fracassado, o vivido e o não vivido. Abraço em mim o amor e a agressão, a confiança e o medo, a alegria e a tristeza, a paz e a agitação, a satisfação e a insatisfação, a fé e a dúvida. Então imagino que, embaixo de todos esses opostos, está o espaço do silêncio, onde tudo é um.

A cruz é o símbolo de proteção que protege esse espaço interior do silêncio contra todo o barulho do mundo e contra os muitos pensamentos que surgem dentro de mim. Então posso imaginar esse espaço interior do silêncio como um espaço que se encontra além de todos os opostos. E posso dizer a mim mesmo: Lá, onde Cristo habita em mim, no fundo da minha alma, eu estou livre das expectativas dos desejos e das opiniões das pessoas. Lá sou são e íntegro. Lá, as palavras que ferem não podem me atingir. E as mágoas e os ferimentos da minha infância não feriram esse espaço interior. Lá sou original e autêntico. Lá, as imagens que os outros impuseram a mim se dissolvem. Lá, as imagens de meu autodesprezo se dissolvem – por exemplo: há algo de errado comigo, ninguém aguenta estar comigo – mas também as imagens de supervalorização própria – por exemplo: preciso sempre ser perfeito, bem-sucedido, animado, preciso sempre estar no controle de tudo.

Muitas vezes, as imagens da supervalorização própria levam à depressão. A depressão é, de certo modo, um grito de socorro da alma contra essas autoimagens desmedidas. Quando essas autoimagens se dissolvem, posso estar totalmente comigo mesmo e estar em harmonia comigo mesmo. E, ao mesmo tempo, sou um com todas as pessoas. Pois as imagens e imaginações não me separam mais dos outros. Lá sou claro e cristalino. O sentimento de culpa e as autoacusações não têm acesso a esse espaço do silêncio.

Nesse espaço, a consciência pesada não me paralisa mais. E onde habita o mistério de Deus dentro de mim, posso estar em casa comigo mesmo.

Eu posso permanecer nessa experiência do silêncio no fundo da minha alma e imaginar: Agora sou um com todas as pessoas que estão aqui nesta sala, mesmo que elas tenham opiniões e biografias totalmente diferentes. Sou um com todas as pessoas no mundo inteiro. Então eu sinto que eu faço parte. Não me sinto mais sozinho. Transformei a solidão em um "ser um com tudo". Sou um com todas as pessoas. Isso dissolve minha solidão. Sinto-me conectado com todas as pessoas.

Conclusão

Todos nós fizemos nossas experiências com a pandemia. Um ano atrás, ninguém teria acreditado que algo assim fosse possível. E ainda não superamos a crise. Ela voltará a nos preocupar várias vezes mais. E ninguém pode dizer como nós sairemos desta crise ou se uma nova crise já está nos aguardando. Muitos recorrem ao provérbio segundo o qual toda crise é também uma chance. Mas a crise não é automaticamente uma chance para que tudo fique melhor. A crise contém também o perigo de que o futuro se transforme em algo pior. A crise só se transforma em uma chance quando nós a encaramos e refletimos sobre formas melhores de viver em face dos desafios, como podemos reinterpretar e realizar a nossa existência humana de outro jeito.

Tempos de crise são sempre também tempos de autorreflexão. Vejo em muitas pessoas um novo modo de contemplação. E muitas pessoas estão refletindo sobre o significado da fé e da religião. Na crise após a Primeira Guerra Mundial surgiu a filosofia existencial, que encontrou respostas novas para as pessoas que estavam buscando respostas às suas perguntas. Na crise em que fomos lançados pela pandemia existe uma nova reflexão sobre a existência humana. Como a existência do ser humano pode ser bem-sucedida? Como o ser humano pode entender a si mesmo? Como ele pode reagir às inseguranças do mundo? O que lhe dá apoio e segurança num caminho inseguro? O que é o ser humano? Qual é seu verdadeiro si-mesmo e como o ser humano pode encontrar seu verdadeiro si-mesmo?

Tentei encontrar respostas a essas perguntas a partir da tradição cristã. Quando comparar as respostas budistas com as respostas cristãs, você verá que existem semelhanças. A sabedoria da alma conecta as pessoas umas com as outras. A sabedoria da alma encontra nas diversas religiões e culturas do mundo outras palavras para se expressar. Mas na sabedoria da alma encontramos também coisas que compartilhamos. Todos nós estamos a caminho de uma vida plena. Todos nós estamos buscando um solo firme neste mundo inseguro, um solo que nos sustente e não seja abalado pela crise.

Eu não sei dizer se essas respostas serão úteis para todos. Confio que você, querido leitor, querida leitora, ao refletir sobre as respostas a partir da tradição cristã, encontrará um rastro pessoal que você possa seguir. E desejo que você seja acompanhado pelo anjo da atenção plena, para que você possa perceber quais passos concretos você deve tomar. E desejo que você seja acompanhado pelo anjo da esperança, que jamais desiste, que espera o que não vê e que transforma o mundo com a sua esperança.

Neste livro, tentei frequentemente estabelecer um vínculo entre as percepções da filosofia grega e da mensagem cristã. Assim, quero encerrar o livro com o pensamento de um antigo filósofo grego, o sombrio entre os filósofos. Trata-se de Heráclito, que, entre 500 e 480 a.C., redigiu seus ensinamentos em sucintas frases aforísticas. O Padre da Igreja Clemente de Alexandria citou muitas sentenças de Heráclito, concordando com elas. Ele o elogiava chamando-o de "nobre Heráclito", porque Heráclito ressaltava a virtude da esperança. A sentença sobre a esperança, que me tocou profundamente, diz: "Mas aquele que não espera o inesperado, jamais o encontrará". Justamente em tempos de crise não devemos desistir da esperança, mas esperar o inesperado.

Os primeiros cristãos seguiram esse conselho de Heráclito. A Primeira Epístola de São Pedro diz: "Estai sempre prontos para responder àqueles que perguntarem pelo motivo de vossa esperança" (1Pd 3,15). Evidentemente, os cristãos que viviam naquele mundo antigo, que, no final do século I d.C., também passava por uma crise, emanavam uma esperança especial. Os cristãos não se queixavam do estado ruim em que o mundo se encontrava. Eles transmitiam esperança. Hoje, a nossa tarefa como cristãos neste tempo de crise é sermos o fermento da esperança para a nossa sociedade.

Referências

AGOSTINHO. *Über die Psalmen*. Einsiedeln, 1983.

EVÁGRIO PÔNTICO. *Praktikos* – Über das Gebet. Münsterschwarzach, 1986.

GUGGENBERGER, A. "Existenz". In: *Handbuch theologischer Grundbegriffe*. Vol. I. Munique: Kösel, 1991, p. 368-375.

JONAS, H. *Das Prinzip Verantwortung* – Versuch einer Ethik für die technische Zivilisation. Frankfurt, 2003.

JUNG, C.G. *Zur Psychologie westlicher und östlicher Religion*. Zurique, 1963 [Gesammelte Werke, vol. 11].

_____. *Psychologie und Religion*. Zurique, 1947.

KORFF, W. "Solidarität". In: *LexSpir*, p. 1.155-1.159.

MERTON, T. *Im Einklang mit sich und der Welt*. Zurique, 1992.

_____. *Asiatisches Tagebuch*. Zurique, 1987.

MÜLLER-LAUTER, W. "Existenzphilosophie/Existentialismus". In: KRAUSE, G. & MÜLLER, G. (orgs.). *Theologische Realenzyklopädie*. Vol. 10. Berlim/Nova York: Walter de Gruyter, 1982, p. 714-732.

SCHELLENBAUM, P. *Die Wunde der Ungeliebten*. Munique, 1989.

Livros publicados pelos autores

Monja Coen

Viva zen: Reflexões sobre o instante e o caminho. Publifolha, 2004.

Sempre zen: Aprender, ensinar e ser. Publifolha, 2006.

A sabedoria da transformação: reflexões e experiências. Planeta, 2014.

108 contos e parábolas orientais. Planeta, 2015.

O monge e o touro. Companhia Editora Nacional, 2015.

Palavras do darma – 108 reflexões extraídas das palestras de Monja Coen na Comunidade zen-budista Zendo Brasil. Zendo Brasil, 2014.

Zazen. Zendo Brasil, 2011.

O sofrimento é opcional – Como o Zen-budismo pode ajudar a lidar com a depressão. Bella, 2017.

Zen para distraídos – Princípios para viver melhor no mundo moderno [com Nilo Cruz]. Planeta, 2018.

O inferno somos nós – Do ódio à cultura de paz [com Leandro Karnal]. Papirus, 2018.

A monja e o professor – Reflexões sobre ética, preceitos e valores [com Clóvis de Barros Filho]. BestSeller, 2018.

Verdade? Porque nem tudo o que ouvimos ou falamos é verdadeiro. Record, 2019.

Nem anjos nem demônios – A humana escolha entre virtudes e vícios [com Mário Sergio Cortella]. Papirus, 2019.

Aprenda a viver o agora – Conceitos de Zen-budismo e atenção plena para praticar em até 10 minutos. Planeta, 2019.

O que aprendi com o silêncio – Uma autobiografia. Planeta, 2019.

Zen – Pensamentos da Monja Coen nas palavras de Leandro Gyokan Saraiva. Papirus, 2019.

Ponto de virada – O que faz uma pessoa mudar? Planeta, 2020.

Vírus. Edição da autora, 2020.

Vida-Morte – Como o Zen-budismo pode ajudar a entender a vida, lidar com a morte e superar as crises. Bella, 2020.

Anselm Grün

O céu começa em você – A sabedoria dos Padres do Deserto para hoje. Vozes, 1994.

A sabedoria dos monges na arte de liderar pessoas. Vozes, 2006.

Estabelecer limites, respeitar limites – Segredos para relações interpessoais bem-sucedidas. Vozes, 2007.

O tratamento espiritual da depressão – Impulsos espirituais. Vozes, 2009.

O que devo fazer? – Respostas a questões que a vida coloca. Vozes, 2009.

O poder do silêncio. Vozes, 2010.

Jesus como terapeuta – O poder curador das palavras. Vozes, 2012.

Mulheres da Bíblia – Força e ousadia para viver o que você é. Vozes, 2013.

O poder da decisão – Na vida, nos relacionamentos, no trabalho e no cotidiano. Vozes, 2014.

Não desperdice sua vida! Vozes, 2015.

Jesus para estressados – Imagens poderosas para superar o esgotamento. Vozes, 2015.

Pequena escola das emoções – Como os sentimentos nos orientam e o que anima nossa vida. Vozes, 2016.

Viver com saúde de corpo e alma. Vozes, 2016.

O divino em nós [com Leonardo Boff]. Vozes, 2017.

Atitudes que transformam – Como vivemos, como poderíamos viver. Vozes, 2017.

Passagens intrigantes da Bíblia – Entender espiritualmente. Vozes, 2017.

A felicidade das pequenas coisas. Vozes, 2019.

Abrace suas emoções – Sentimentos negativos como fonte de transformação. Vozes, 2019.

Viver, não apenas nos fins de semana – O trabalho como realização pessoal. Vozes, 2019.

Amar é a única revolução – A força transformadora do amor a partir das ciências, da filosofia e da religião [com Gerald Hüther e Maik Hosang]. Vozes, 2019.

LEIA TAMBÉM:

O livro da felicidade

Joan Chittister

Joan Chittister é beneditina, autora *best-seller* e palestrante conhecida internacionalmente. Já participou de diversos programas, incluindo o da renomada apresentadora americana Oprah Winfrey. É defensora da justiça, da paz e da igualdade, especialmente, para as mulheres do mundo todo, e é uma das mais influentes líderes sociais e religiosas do nosso tempo.

Escreveu vários livros que buscam entender o ser humano em perspectiva existencial e religiosa, com linguagem sempre atual e vivencial. Essa nova obra tem a felicidade como tema central.

Para Chittister, a felicidade não é um derivado da riqueza ou do sucesso, mas uma qualidade pessoal a ser aprendida, regida e destemidamente exercida. Porém muitos, erroneamente, acreditam que a felicidade resulta de ter bastante dinheiro, fama, conforto, sucesso mundano ou até pura sorte.

Ao longo dessas páginas, Chittister desenvolve "uma arqueologia da felicidade" enquanto conduz uma "escavação" através da sociologia, biologia, neurologia, psicologia, filosofia, história e religiões, oferecendo *insights* inspiradores que ajudarão peregrinos de todos os lugares a aprenderem a cultivar a verdadeira e duradoura felicidade dentro de si mesmo.

Joan Chittister é autora também de *Para tudo há um tempo* e *Entre a escuridão e a luz do dia*, ambos publicados pela Editora Vozes.

Esse livro é uma ótima opção de presente para o Natal!!

A essência dos ensinamentos de Buda
transformando o sofrimento em paz, alegria e libertação

Thich Nhat Hanh

"As pessoas sofrem, por isso tenho que sofrer."

Esta afirmação também foi feita por Buda. Então, por favor, não pense que porque você está infeliz, porque há dor em seu coração, você não pode se aproximar de Buda. É exatamente porque há dor em seu coração que a comunicação é possível. O seu sofrimento e o meu sofrimento são condições básicas para entrarmos no coração de Buda e para Buda penetrar nossos corações.

Por 45 anos Buda disse muitas e muitas vezes: "Tudo o que ensino diz respeito ao sofrimento e à transformação do sofrimento". Quando admitimos e reconhecemos o nosso próprio sofrimento, Buda – que significa o Buda dentro de nós – olhará para aquele sofrimento, descobrirá o que o provocou e prescreverá um curso de ação capaz de transformá-lo em paz, alegria e libertação. Sofrimento é o meio que Buda usou para libertar-se e tem sido o meio pelo qual nós também podemos nos tornar livres.

O oceano de sofrimento é imenso, mas se mudar de direção você poderá avistar a terra firme. A semente de sofrimento dentro de você pode ser forte, mas não espere até não ter mais sofrimento para se permitir ser feliz. Quando uma árvore do seu jardim está doente, você tem que cuidar dela. Mas não deixe de apreciar todas as árvores saudáveis. Mesmo enquanto há dor em seu coração, você pode desfrutar de muitas maravilhas da vida: o lindo pôr do sol, o sorriso de uma criança, as inúmeras flores e árvores. Sofrer não basta. Por favor, não fique aprisionado em seu próprio sofrimento.

* * * *

Neste livro, *A essência dos ensinamentos de Buda* – agora contendo informações adicionais e *insights* inéditos – Thich Nhat Hanh nos apresenta o cerne dos ensinamentos budistas e nos mostra que, além de acessíveis, esses ensinamentos podem ser aplicados no dia a dia. De forma clara e poética, Nhat Hanh transmite uma sabedoria confortante sobre a natureza do sofrimento e do papel que a sabedoria desempenha de gerar compaixão, amor e alegria – todas qualidades da iluminação. Por conter ensinamentos muito significativos como as Quatro Nobres Verdades, o Nobre Caminho Óctuplo, as Três Portas da Libertação, os Três Selos do Darma e os Sete Fatores do Despertar, este livro é um farol radiante sobre o pensamento budista para os iniciados e não iniciados.

CULTURAL

Administração
Antropologia
Biografias
Comunicação
Dinâmicas e Jogos
Ecologia e Meio Ambiente
Educação e Pedagogia
Filosofia
História
Letras e Literatura
Obras de referência
Política
Psicologia
Saúde e Nutrição
Serviço Social e Trabalho
Sociologia

CATEQUÉTICO PASTORAL

Catequese
Geral
Crisma
Primeira Eucaristia

Pastoral
Geral
Sacramental
Familiar
Social
Ensino Religioso Escolar

TEOLÓGICO ESPIRITUAL

Biografias
Devocionários
Espiritualidade e Mística
Espiritualidade Mariana
Franciscanismo
Autoconhecimento
Liturgia
Obras de referência
Sagrada Escritura e Livros Apócrifos

Teologia
Bíblica
Histórica
Prática
Sistemática

REVISTAS

Concilium
Estudos Bíblicos
Grande Sinal
REB (Revista Eclesiástica Brasileira)

VOZES NOBILIS

Uma linha editorial especial, com importantes autores, alto valor agregado e qualidade superior.

VOZES DE BOLSO

Obras clássicas de Ciências Humanas em formato de bolso.

PRODUTOS SAZONAIS

Folhinha do Sagrado Coração de Jesus
Calendário de mesa do Sagrado Coração de Jesus
Agenda do Sagrado Coração de Jesus
Almanaque Santo Antônio
Agendinha
Diário Vozes
Meditações para o dia a dia
Encontro diário com Deus
Guia Litúrgico

CADASTRE-SE
www.vozes.com.br

EDITORA VOZES LTDA.
Rua Frei Luís, 100 – Centro – Cep 25689-900 – Petrópolis, RJ
Tel.: (24) 2233-9000 – Fax: (24) 2231-4676 – E-mail: vendas@vozes.com.br

UNIDADES NO BRASIL: Belo Horizonte, MG – Brasília, DF – Campinas, SP – Cuiabá, MT
Curitiba, PR – Fortaleza, CE – Goiânia, GO – Juiz de Fora, MG
Manaus, AM – Petrópolis, RJ – Porto Alegre, RS – Recife, PE – Rio de Janeiro, RJ
Salvador, BA – São Paulo, SP